KB033963

메타버스의 시대,
배움의 미래

5G引爆教育革命

ISBN 9787121386480

This is an authorized translation from the
SIMPLIFIED CHINESE language edition entitled
≪5G引爆教育革命≫published by
PUBLISHING HOUSE OF ELECTRONICS INDUSTRY Co., Ltd,
through Beijing United Glory Culture & Media Co., Ltd.,
arrangement with EntersKorea Co.,Ltd.

메타버스의 시대, 배움의 ── 미래

리수핑·류타오탕 지음
권용중 옮김

첨단기술이 불러온 교육혁명

보아스
BOAZ

모든 것이 시시각각 변화하는 오늘날 기술은 교육의 발전을 이끈 원천입니다. 얼마 전만 해도 인공지능(AI)은 아주 생소하고 신기한 개념이었지만 앞으로 빅데이터와 클라우드 컴퓨팅 기술의 발전, 딥러닝 알고리즘의 고도화와 맞물려 더 빠른 속도로 발전할 것입니다. 여기에 VR/AR 기술이 합쳐져 메타버스의 시대가 열리고 있습니다.

인공지능(AI) 시대가 본격적으로 시작되며 교육업계에도 인공지능(AI)이 큰 영향력을 발휘하고 있습니다. 또한 5G의 발전으로 인공지능(AI)과 5G의 심도 있는 결합은 교육의 혁신을 가속화할 것입니다.

2019년은 5G 상용화의 원년으로 불립니다. 메이저 통신사들과 수많은 하이테크 기업들이 교육 분야로 사업 영역을 확장하고 있으며, 5G와 인공지능(AI)의 융합은 스마트교육의 발전을 견인하고 있습니다. 5G와 인공지능(AI)의 결합은 인공지능(AI) 자체를 혁신하고 빅데이터, 사물인터넷(IoT), 클라우드 컴퓨팅 등 기술 역시 5G의 지원 아래 함께 발전하고 있습니다. 5G망의 지원하에 인공지능(AI)은 더 많은 첨단기술과 융합하고 나아가 기술 혁신과 다양한 영역의 융합을 가속화하면서 향후 교육 분야에서 더 광범위하고 활발하게 활용될 것으로 전망됩니다.

사실 스마트교육 발전의 역사는 길지 않습니다. 최근 20년 사이에 갑자기 급속도로 발전했으며, 현재는 인공지능(AI) 기술이 가장 많이 활용되는 분야 중 하나가 되었습니다. 2018년 미국 MIT(매사추세츠 공과대학)는 10억 달러를 투자해 새로운 인공지능(AI) 대학을 설립하겠다고 발표했습니다. 이는 스마트교육이 향후 폭발적인 성장기를 맞이할 것임을 시사합니다. 일찍이 1994년에 개최된 '로봇 불끄기 대회'에서 스마트교육은 향후 엄청난 속도로 발전될 것임이 예견되었습니다. 이어서 로보컵(Robocup), WER(World Educational Robot Contest) 대회 등은 스마트교육의 확산을 가속화했습니다. 그리고 오늘날 인공지능(AI)은 이미 수많은 교육 현장에 활용되고 있습니다.

오늘날 적응형 시스템은 스마트 시스템으로 탈바꿈했고, 교육로봇은 스마트 커뮤니케이션을 실현했으며, VR(가상현실)/AR(증강현실) 등 다양한 신기술이 교육 분야에 응용되며 교육 현장의 모습을 혁신하고 있습니다. 오늘날 스마트교육 제품은 이미 다양하게 출시되어 있습니다. 인공지능(AI)은 기존의 입시 위주 교육을 STEAM(과학, 기술, 공학, 예술, 수학) 교육으로 전환하도록 했으며, 교사들의 수업방식과 역할에 혁신을 일으키고 있습니다.

이제 학생들은 수업 시간에 VR 기기를 착용하고 사이버 영상 속에 들어가면 교과서에 나오는 세계를 직관적으로 생생하게 볼 수 있게 되었습니다. 또한 어린이가 집에 혼자 있을 때는 스마트 영유아교육 로봇이 부모를 대신해서 옆에서 같이 놀아줄 수 있습니다. 그리고 딱딱하고 지루한 수업 대신 학생들은 사이버교사를 통해 재미있고 즐거운 수업을 받을 수도 있습니다.

이는 인공지능(AI)과 5G, 빅데이터, VR/AR 기술, IoT 등의 첨단기술이 융합되어 가져온 교육혁명이며 그 혁신은 더욱 가속화될 것입니다.

플라톤은 교육과 관련해 다음과 같은 명언을 남겼습니다.

"교육이 한 인간을 양성하기 시작할 때의 방향이 훗날 그의 삶을 결정할 것이다."

앞으로 스마트교육은 학생 개개인의 개성과 능력을 계발하고, 교사로 하여금 '사람을 기르는 교육'의 안내자가 되게 할 것입니다. 이를 통해 더 많은 사람이 더 우수한 교육을 받을 수 있는 진정한 전인교육, 평생학습의 시대를 열어갈 것입니다.

메타버스의 시대, 배움의 미래
차례

머리말   004

제1부
스마트교육은 곧 미래의 교육이다

제1장 스마트교육이란 무엇인가?
스마트교육의 발전 역사   017
- 인공지능(AI)이란 무엇인가?   017
- 스마트교육이란 무엇인가?   021
- 전통교육에서 디지털교육으로의 변화   023
- 디지털교육에서 스마트교육으로의 변화   024
- 인공지능(AI)은 수업과 학교 관리를 어떻게 바꾸어놓는가?   026

제2장 5G가 이끈 '인공지능(AI)+교육'의 활성화
5G는 인공지능(AI) 발전에 날개를 달아준다   032
- 5G의 3대 강점   032
- 5G망을 통해 고객의 다양한 수요를 만족시킬 수 있다   034
- 5G 네트워크 슬라이싱은 '개인 주문맞춤형' 네트워크를 만든다   035
5G에 기반을 둔 스마트교육의 개막   038
- 5G는 교육 분야의 기술 장벽을 허문다   038
- 5G는 교육업계의 혁신을 이끈다   041

- 5G와 인공지능(AI), 교육에 새로운 힘을 불어넣다   043

5G는 기존의 교육 시스템을 완전히 바꿔놓는다   046

- 커다란 변혁에 직면한 기존의 교육 방식   046
- 기존 교육의 시공간적 제약을 무너트린다   048
- VR/AR 교육 환경을 조성해 몰입형교육 실현   050
- 우수한 교육자원의 광범위한 공유가 가능해진다   052

5G가 교육시장에 가져다준 세 가지 기회   055

- 'VR/AR+교육' 활성화   055
- 교육에서 인공지능(AI)의 활용 범위가 크게 확대된다   058
- 교육장비 산업의 업그레이드   062

스마트교육 개발 사례들   064

- 차이나유니콤 : '5G+스마트교육' 앱 발표   064
- 차이나텔레콤 : 탈 에듀와의 협력을 통한 스마트교육추진   066
- 차이나모바일 : 5G+VR/AR 교육 개발   067
- 화웨이 : 스마트교육 실현에 뛰어들다   068
- ZTE : 스마트캠퍼스 구축   069
- 바이두 VR : VR 교육 실현에 앞장서다   070

제2부
스마트교육은 수업과 학교 관리의 혁신을 이끈다

제3장 스마트교육이 가져올 수업의 혁신

스마트교육은 교육 및 학습의 새로운 모델을 탄생시켰다   077

- 온 · 오프라인 교육은 하나가 된다   077
- 개개인에게 맞는 학습 콘텐츠를 제공한다   080

- VR/AR 수업이 보편화된다   082
- 의료 교육의 모습을 바꾼다   085

교육기관들은 교육 방식의 변혁을 주도한다   088
- 탈 에듀의 쇼스커탕 : 교사의 역할을 세분화해 학습효과를 높이다   088
- 쉐바커탕 : 게임을 콘셉트로 한 적응형 학습   091
- 모리쉐위안의 스마트 수업시스템 : 인간–기계 쌍방향 교류 수업 모델   093
- 바이두 에듀 브레인 : 우수한 교육자원 공유 플랫폼   096

제4장 스마트학교는 어떤 모습일까?

스마트학교: 교실 관리와 학교 관리를 혁신한다   101
- 5G+인공지능(AI) : 데이터를 통한 시각화 관리   101
- 전자 학급 상황판+스마트 모니터링 : 학교 관리의 안전성을 높인다   105
- 통합카드+스마트 손목밴드 : 학교생활의 편리화   109

스마트학교를 만드는 첨단기술들   112
- 빅데이터 기술 : 학생들의 특징 분석을 통한 맞춤형 교육 실현   113
- 스마트 언어 시스템 : 언어를 문자로 바꿔주어 수업의 효율을 높인다   116
- 머신비전 : 학생의 집중력 체크, 교사의 스마트 보좌관 역할 수행   118
- 게임화된 수업 플랫폼 : 쌍방향 교류를 통한 학업능률 향상,   120
  교사–학생 간 교류 방식의 다양화
- 지식그래프 기술 : 지식의 깊이와 범위를 키워준다   122

스마트학교 사례들   126
- 탈 에듀케이션의 모징(魔鏡) 수업 시스템 :   126
  일대일 수업이 가능한 스마트교실
- 리드센스: 안면인식을 도입해 스마트학교를 만든다   129
- 알리바바의 딩딩 미래학교 : 미래의 학교를 보여주다   132
- 텐센트의 스마트학교 2.0 : 학습자 중심의 스마트학교 플랫폼   134

제3부
스마트교육이 전인교육 시대를 이끈다

제5장 스마트 조기교육을 실현하는 영·유아교육 로봇

영유아교육 로봇의 발전 추세   139

* 실생활에 빠르게 진입하고 있는 영유아교육 로봇   140

* 인공지능(AI) 기술의 발전으로 기능이 더욱 강력해지다   141

* VR/AR 쌍방향 교류가 커뮤니케이션 방식의 혁신을 일으키다   145

* 교육에 시간이 부족한 부모의 수요, 막대한 투자가 폭발적 성장을 이끌다 147

영유아교육 로봇은 어떻게 학습능력을 키우는가?   151

* 놀이를 통해 지식을 전달하고 언어로 소통한다   151

* 연령대별 맞춤 학습 콘텐츠를 제공한다   153

* 쌍방향 교류를 통해 능동성을 습득하게 한다   155

영유아교육 로봇의 사례   158

* 360의 어린이용 로봇 바디: 158

  귀여운 외관+풍부한 지식+강력한 쌍방향 교류 시스템

* 영유아교육 로봇 바바텅 : 부모와 자녀의 원격 감정 교류를 실현하다 162

* 푸딩빈큐: 과학적이고 재미난 방식으로 부모 교육을 대신하다   166

제6장 스마트교육을 통해 완전히 새로운 초중고 교육이 온다

인공지능(AI)과 초 · 중 · 고 교육   172

* 초 · 중 · 고 인공지능 교육의 목적   172

* 초 · 중 · 고 인공지능 교육의 현 상황   174

* 초 · 중 · 고 인공지능 교육의 방향   176

* 초 · 중 · 고 인공지능 교육의 미래 전망   177

학생들이 공부를 즐기도록 이끄는 초 · 중 · 고교육 로봇   179

* 학생들에게 일대일 맞춤 학습 경험을 제공한다   179

- 끝이 없는 배움의 길에 '재미'를 주입하다   182
- 수업이 기존의 주입식에서 체험형으로 바뀐다   186

초 · 중 · 고교육 로봇의 사례   189
- 중국 위에장 하이테크의 창의력을 키워주는 경량형 스마트 로봇팔   189
- 일본 소니의 코딩 교육 로봇 쿠브(KOOV)   192

제7장 스마트교육이 전인교육 시대를 이끈다

진정한 전인교육의 시대가 열린다   197
- 종합적 능력을 기르는 전인교육이 부상하고 있다   197
- 전인교육에 대한 투자의 증가   200
- 교육업체들의 활발한 전인교육 개발   201
- 전인교육은 미래에 필요한 인재를 길러낸다   202
- 공유, 편리, 공평, 지능화, 생동감을 핵심으로 하는 스마트 전인교육   205

제8장 스마트교육 발전에서의 기회와 과제

스마트교육의 장점   209
- 개개인의 특성에 맞춘 맞춤형 교육 대량 실현   209
- 학생의 종합적인 소양과 능력의 배양   210
- 세계 각지의 우수한 교육을 받을 수 있는 글로벌 교실의 확산   211
- 교사의 반복적인 업무 부담을 줄여 수업의 품질을 개선한다   212

스마트교육 발전을 위한 과제   214
- 스마트교육 분야의 전문 인재 부족   214
- 교사들이 오픈마인드로 적극 수용할 것인가의 문제   215
- 스마트교육의 안전성 문제   217

제9장 배움의 미래, 인재상의 변화, 그리고 교사 역할의 재정립

스마트교육 시대, 교사의 역할 변화   220

- 교육혁명은 교사의 역할을 재정립하고 있다   220
- 교사의 역할은 사람을 기르는 스승으로 재정립된다   222
- 교사는 자신의 역할 변화에 어떻게 대응해야 할 것인가?   225

스마트교육 시대, 교사는 어떻게 학생들의 학습을 도와야 하는가?   228

- 수업방식을 다변화해 학생의 잠재력 일깨우기   228
- 자기주도형 학습을 통한 학습의 즐거움 심어주기   230
- 학생의 AIQ와 혁신능력 키우기   232
- 교사와 학생의 새로운 관계 정립 및 교사-학생 학습 공동체 조성   234

교육업체는 이 기회를 어떻게 활용할 것인가?   236

- 신기술을 이용한 새로운 교육설비 개발   236
- 대학교와의 협력을 통한 인공지능(AI) 인재 양성   238
- 강력한 긱 팀 구성하기   239
- 신기술을 이용한 스마트 마케팅 실현   242
- 마인드의 혁신 및 자사의 체질 개선   244

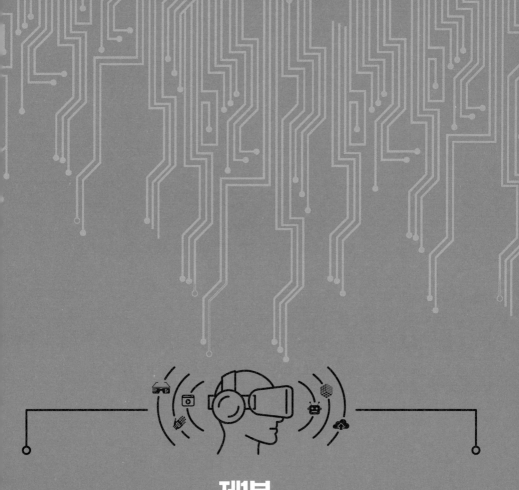

제1부

스마트교육은
곧 미래의 교육이다

제1장

○

스마트교육이란
무엇인가?

급속하게 발전 중인 인공지능(AI)은 다양한 분야에서 광범위하게 활용되고 있다. 특히 교육 분야에서 활발하게 응용되고 있는데, 디지털교육, 온라인교육, 스마트교육, 맞춤형교육 등 교육의 다양한 분야를 빠르고 효과적으로 발전시키는 데 큰 도움을 주었다.

미래 교육의 트렌드는 바로 스마트교육이다. 5G(5세대 이동통신), 빅데이터, 클라우드 컴퓨팅 등 다양한 기술을 기반으로 인공지능(AI)은 교육 분야에서 빠르게 확산될 것이다. 5G 기술이 점차 성숙됨에 따라 스마트교육 역시 더 지능화하고, 편리하고, 효율적으로 발전할 것이다.

스마트교육의 발전 역사

스마트교육이란 교육에 인공지능(AI)을 접목한 것을 말한다. 그래서 스마트교육을 이해하려면 먼저 인공지능(AI)이 무엇인지 알아야 한다. 교육에 인공지능(AI)을 접목한 스마트교육은 디지털교육 덕분에 가능했다. 디지털교육이 출현하면서 인공지능(AI)이 교육 분야에 활용될 환경이 조성된 것이다. 또한 5G 등 기술의 지원하에 교육 분야에서 인공지능(AI)의 활용 범위는 더욱 넓어질 것으로 전망된다.

인공지능(AI)이란 무엇인가?

인공지능(AI)이란 인간의 지능을 시뮬레이션, 확장, 발전시키는 데 사용되는 각종 이론, 방법, 기술, 응용 시스템을 연구 및 개발하는 분야다. 컴퓨터과학의 한 분야인 인공지능(AI)은 현재 로봇 개발, 음성인식, 이미지인식 등 다양한 영역에 활용되고 있다.

인공지능(AI) 관련 연구가 진행되면서 논리학, 심리학, 생물학, 생명공학, 언어학 등 다양한 학문이 인공지능(AI) 학과와 융합되고 있으며, 이로 인해 인공지능(AI)은 종합적인 학문으로 자리매김하고 있다. 또 빅데이터, 클라우드 컴퓨팅, 5G가 인공지능(AI)에 활용되면서 인공지능(AI)의 활용 범위는 크게 확장될 전망이다. 특히 교육 분야에서 인공지능(AI)의 응용은 이미 현실화되었고, 다양한 신기술의 도움으로 점점 더 많은 성과를 거두고 있다.

산업혁명 시대에는 기계가 인간의 수작업을 대체했고, 인공지능(AI) 시대에는 기계가 인간의 지적노동을 모방하고, 또한 인간처럼 사고하는 스마트 로봇이 출현할 것이다. 이들은 다양한 알고리즘을 통해 작동한다. 알고리즘은 인간의 논리와 사고방식을 반영하고 있는데, 가령 컴퓨터는 알고리즘을 통해 인간의 로직을 반영하고 구현한다. 인공지능(AI)을 적용한 컴퓨터는 인간을 대신해 글을 쓰고 프로그램을 짤 수 있다.

이세돌 9단과 중국의 커제(柯洁) 9단을 꺾은 알파고는 인간 바둑기사가 도달할 수 있는 최고 수준을 이미 뛰어넘은 것으로 평가된다. 알파고의 두 가지 '두뇌'는 이 대국의 승리에 결정적인 기여를 했다. 알파고의 첫 번째 두뇌인 이동선택기(move picker)는 전체 바둑 국면에서 최적의 다음 수를 찾아낼 수 있다. 두 번째 두뇌인 위치평가자(position evaluator)는 전체 국면을 파악한 뒤 양측의 승리 확률을 예측함으로써 이동선택기의 선택을 돕는다. 알파고의 승리는 딥러닝의 강력한 위력을 유감없이 보여주었다. 인공신경망은 방대한 매트릭스 디지털 입력과 다층구조(multi-tier architecture) 조직의 연결을 통해 신경망 '두뇌'를 만들어 정확한 데이터 처리 및 통합을 가능하게 했다. 이는 연구자들에게 인공지능(AI) 프로그램 개발의 열정과 자신감을 불어넣었다.

인공지능(AI)은 크게 '약인공지능'(weak AI, 또는 narrow AI라고도 한다), '강인공지능'(strong AI), '슈퍼인공지능'(super AI)의 세 가지로 구분된다. 현재 약인공지능 분야는 이미 상당한 수준의 성과를 거둔 상태지만, 아직 강인공지능과 슈퍼인공지능 단계에는 이르지 못했다.

1. 약인공지능

약인공지능은 보통 한 가지 분야에만 특화된 인공지능(AI)으로 '알파고'가 대표적이다. 알파고는 바둑 분야에 특화된 약인공지능이다.

2. 강인공지능

강인공지능은 추리, 사고, 창조 등 다양한 분야에서 인간과 능력을 겨룰 수 있는 인공지능(AI)으로, 인간이 현재 처리하는 두뇌활동을 수행할 수 있다. 하지만 기술력의 한계로 인해 아직까지 완벽하게 실현되지 못한 상태다.

3. 슈퍼인공지능

슈퍼인공지능은 복합적인 능력을 갖춘 인공지능(AI)으로, 언어 처리, 운동 제어, 지각 및 감지, 사교 및 소통, 창조 및 혁신 등 다양한 영역에서 훌륭한 성과를 낼 수 있다.

현재 인공지능(AI) 개발 상황을 보면 약인공지능에서 강인공지능으로 나아가는 단계에 머물러 있으며, 이 과정에서 수많은 난관에 봉착해 있다. 첫째, 과학자들은 인간 두뇌의 정밀함과 복잡함에 관해 여전히 탐구해야 할 부분이 많다. 둘째, 현재 인공지능(AI) 기술의 로직분석 능력은 뛰어나지만 감지분석 능력은 부족한 상태다. 이 또한 과학자들이 시급히 해결해야 할 과제다.

약인공지능을 넘어 강인공지능으로 나아가는 과정은 결코 쉽지 않다. 인공지능(AI)은 향후 클라우드 인공지능(AI), 감정 인공지능(AI), 딥러닝 인공지능(AI) 등 여러 방향으로 지속 발전해나갈 것으로 예상된다. 그 내용은 다음과 같다.

1. 클라우드 인공지능(AI)

클라우드 컴퓨팅과 인공지능(AI)이 결합되면 클라우드 플랫폼에서 방대한 인공지능(AI) 연산을 수행할 수 있으며, 이는 인공지능(AI)의 운영 비용을 절감하고 더 많은 사람에게 혜택을 제공할 수 있다. 클라우드 인공지능(AI)은 미래의 의료, 교통, 교육, 에너지 등의 분야에서 큰 성과를 거둘 것이다.

2. 감정 인공지능(AI)

감정 인공지능(AI)은 인간의 표정, 말투, 감정 변화를 모듈화함으로써 인간의 감정을 식별하고 이해하며, 유도할 수 있다. 미래에는 인간의 '가상 비서'로서 인간의 다양한 작업 수행을 돕고 나아가 인간과 깊이 있는 교류를 할 수 있을 것이다.

3. 딥러닝 인공지능(AI)

딥러닝이라는 아이디어는 인간 대뇌의 구조, 즉 뉴런의 연결 구조에서 착안되었다. 과학자들은 인간의 신경망을 시뮬레이션하고, 아울러 생물의 구조를 닮은 알고리즘을 이식함으로써 인공지능(AI)이 인간과 유사한 학습기능을 갖추도록 했다.

향후 인공지능(AI)의 발전은 미래 인류의 삶에 지대한 영향을 끼칠 것이며, 클라우드 인공지능(AI), 감정 인공지능(AI), 딥러닝 인공지능(AI)은 인간의 삶에 편리함을 제공할 것이다.

스마트교육이란 무엇인가?

스마트교육이란 인공지능(AI)을 교육 분야에 응용한 것이다. 교육 분야는 인공지능(AI) 발달의 수혜자라고 할 수 있다. 인공지능(AI)은 수업과 관리의 각 세부 영역에 적용될 수 있고, 나아가 교육 분야의 거의 모든 분야에 광범위하고 깊숙이 파고들 것으로 전망된다.

스마트교육의 목표는 교사와 학생 등 교육 참여자들에게 스마트한 비서를 제공하는 것이다. 스마트교육은 인공지능(AI)과 교육의 단순한 결합이 아닌 심도 있는 융합이다. 인공지능(AI)은 빅데이터를 통해 학생들의 지식 수준, 공부 경향, 사고 유형, 잠재적 능력 등을 정확히 계산하고, 학습 콘텐츠를 합리적으로 배치해 각각의 학생이 자신의 소양을 계발하고 발휘하도록 이끈다.

현재 5G망의 구축 및 상용화에 따라 교육 분야에서 인공지능(AI)을 활용할 수 있는 토대가 마련되었다. 교과서와 교사 중심의 기존 교육 시스템은 인터넷과 정보단말기가 더욱 발전하고 있는 현재 그리고 미래의 교육 환경에 더 이상 적합하지 않다. 스마트교육은 교육의 내용과 학습 방식의 혁신은 물론, 우수한 교육의 광범위한 공유 등 학습자원의 전면적인 재편을 불러올 것이다.

스마트교육은 인간의 학습 패러다임을 단순한 지식 습득에서 지식 습득 능력을 계발하는 방향으로 전환할 것이며, 그 기본 취지는 인간의 평생 학습 능력을 키우는 것이다. 스마트교육은 빅데이터 연산을 기반으로 교육의 규칙성을 파악할 수 있다. 또한 개별 학생에 관한 '스몰데이터(Small Data)'를 수집해 학생 간 차이점을 발견하고, 이를 통한 맞춤형 교육을 실현할 수 있다.

그렇다면 스마트교육은 기존의 디지털교육(즉 정보화교육)과 어떤 차이점이 있을까? 기존의 디지털교육은 교육 수단의 디지털화였다. 즉 교육 과정에서 표현, 전달, 기록의 방식을 디지털 모델로 변경한 것에 불과하며, 결코 교육의 이념, 방식, 내용이 근본적으로 변화한 것이 아니다. 반면 스마트교육은 교육의 이념, 교육의 방식, 교육의 내용 등 거의 모든 영역에서 기존과는 완전히 다른 혁신을 일으킨다.

물론 스마트교육이 더 발전하면 교육로봇이 인간 교사를 대체해 교사들을 실업자로 만들 수 있다는 우려도 나오고 있다. 하지만 이는 단편적인 생각이다. 교육로봇은 주로 교사들의 업무 가운데 반복적이고 기계적인 노동을 대신할 것이기 때문이다. 또 스마트교육 시스템에서 교사들의 역할은 '학생들에게 맞춤형 교육을 실시하는 조력자'로 바뀔 것이다. 이는 교사도 학습자가 되어야 함을 의미한다. 인재 양성에서 교사의 역할은 매우 중요하다. 바로 이 점이 교사들이 반드시 갖춰야 할 능력이며, 교육로봇이 교사를 대체하기 어려운 이유이기도 하다.

전통교육에서 디지털교육으로의 변화

인공지능(AI)은 전통적인 교육의 기반에서 곧바로 뿌리를 내릴 수 있었던 것일까? 그렇지 않다. 전통교육에서 디지털교육으로 바뀌는 과정이 선행되었고, 그 결과 인공지능(AI)을 교육에 접목할 수 있는 토대가 마련되었다.

과거의 교육 체계에서는 실천보다 이론을 중요시하고 사고능력 배양보다 지식 전수를 우선시하는 경향이 있었는데, 이는 현대사회의 발전 추세에 걸맞지 않다. 현대교육은 인간 중심의 교육, 맞춤형 교육, 전인교육, 교육 내용의 개방성 등을 강조하고 있기 때문이다.

1990년대부터 시작된 IT(Information technology)의 물결은 교육의 패러다임을 바꿔놓았다. IT를 이용해 지식을 전달할 수 있게 되었고, 컴퓨터를 활용한 교육, 원격교육, 네트워크 교육 등이 가능해지면서 교육 방식은 예전보다 훨씬 더 개방적이고 참여적인 형태로 바뀌었다.

디지털교육이란 현대교육의 이념을 토대로 다양한 첨단 IT 기술을 활용해 교육자원을 개발 및 합리적으로 배치하고 교육의 각 분야를 최적화해 학생들의 지식 및 소양을 제고하는 것을 목표로 하는 새로운 형태의 교육 방식을 가리킨다. 디지털교육에 활용되는 컴퓨터 기술과 멀티미디어 기술은 지식을 빠르고 효과적으로 전달하는 유용한 도구다. 또 다양한 온라인 커리큘럼, 전자책(e-book), 교육 웹사이트 등 덕분에 학생들은 원하는 지식을 더 빨리, 더 다양하게 습득할 수 있게 되었다.

디지털교육은 표면적으로는 '학생 중심' 교육을 내세웠지만, 현실적으로는 여전히 교사가 멀티미디어 교육, 원격교육 등을 이끌어간 측면이 있었다. 즉 디지털교육은 교육의 어떤 특정 분야를 디지털로 변화시킨 것으로, 기존 교육에 일부 첨단기술을 이용한 것이다. 그러나 교육의 질과 효율을 일정 부분 끌어올린 성과를 거두었다는 점은 분명하다.

디지털교육은 이처럼 기존의 전통교육에 일부 혁신을 일으킨 것에 불과했지만, 인공지능(AI)을 접목한 교육의 혁신에 토대를 마련했다는 점에서 높게 평가할 수 있다. 즉, 인공지능(AI)이 교육 분야에 접목될 수 있는 계기를 마련해준 것이다.

디지털교육에서 스마트교육으로의 변화

다양한 첨단기술이 발전하고 교육 분야에 활용됨에 따라 교육도 디지털교육에서 스마트교육으로 업그레이드되었다. 스마트교육은 5G, 빅데이터, 클라우드 컴퓨팅, VR/AR 등 첨단 기술을 기반으로 완전한 교육 생태계를 구축할 것이다. 스마트교육은 모바일 기기, 맞춤형학습 지원시스템 등을 통해 진정한 의미의 '학생 중심'의 교육을 실현할 수 있다.

스마트교육을 발전시키는 과정에서 최대 관심사 및 연구 과제는 바로 기술의 지능화였다. 스마트교육은 기술 개발 및 발전을 중요시하며, 기술을 학교, 가정 등 오프라인 교육환경과 인터넷교육, 원격교육 등 사이버 교육환경에 접목하는 것을 강조한다.

스마트교육에 현대의 첨단 IT기술을 활용하면 지능화된 교육, 지능화된 학습, 지능화된 평가, 지능화된 관리 등을 실현할 수 있고, 나아가 학생들의 사고력과 창의력을 키워줄 수 있다. 아울러 스마트교육은 수준 높은 '종합형 인재'를 다수 양성할 수 있으므로 사회 발전에 크게 기여한다.

스마트교육을 실현하려면 5G, 클라우드 컴퓨팅, 빅데이터 등 첨단 기술과의 결합도 물론 중요하지만, 무엇보다 교육시스템의 향상 및 최적화, 교육이념의 혁신 및 발전이 요구된다. 현재의 교육이념과 교육시스템에서 다음과 같은 변화가 선행되어야 한다.

첫째, 교사들이 단순한 지식 전수자에서 벗어나 지식 제공자, 보조자로 전환되어야 한다. 학생들 역시 더욱 능동적인 자세로 자기주도형 학습을 할 수 있도록 바뀌어야 한다.

둘째, 수업은 기계적인 반복 훈련에서 벗어나 다양한 수업활동의 기획 및 학생들의 참여 유도를 중시하는 분위기로 전환되어야 한다. 또한 수업활동에 대한 시의적절한 평가 및 개입을 통해 수업의 효과를 더욱 높여야 한다.

셋째, 수업에 다양한 학습방식을 접목하고 활용해야 한다.

넷째, 수업의 과정에서 '실시간 피드백 및 평가'를 중요시해야 한다. 스마트교육은 다양한 첨단 기술을 이용해 교육 과정에서 발생하는 데이터를 수집할 수 있고, 이를 활용해 문제를 정확하게 파악 및 분석할 수 있으며, 기존의 경험을 통한 평가에서 벗어나 객관적이고 효율성이 높은 데이터를 기반으로 하는 평가를 할 수 있게 해준다.

스마트교육은 다양한 첨단기술로 인해 더 빠르게 발전할 것이고, 교육 과정에서 더 다양한 분야에 활용될 것이며, 더 광범위한 지역에 보급될 것이다. 또한 스마트교육이 더 활성화되면 교육의 이념과 교육 패러다임의 혁신을 이끌어 교사들과 학생들이 더 발전된 수업과 학습의 경험을 누리게 될 것이다.

인공지능(AI)은 수업과 학교 관리를 어떻게 바꾸어놓는가?

교육 분야에서 빅데이터와 인공지능(AI)이 폭넓게 활용됨에 따라 수업방식에서도 점차 변화가 일어나고 있다.

수업 과정을 살펴보면 빅데이터 기술을 기반으로 한 인공지능(AI) 시스템이 수업, 학습, 평가, 관리 등 다양한 세부 영역에서 기존의 교육을 더욱 과학화, 지능화하고 있음을 알 수 있다.

1. 수업

기존의 교육은 공장의 '컨베이어벨트식(式) 교육'이 대부분이었다. 같은 학년의 학생들은 똑같은 교과서로 공부했고, 교사 한 명이 한 과목을 전담했으며, 동일한 시험을 통해 획일화된 기준으로 평가를 했다. 따라서 과거에는 맞춤형 교육이란 일종의 사치품이었다.

반면 오늘날에는 인공지능(AI) 시스템이 적응형 교육과 맞춤형 수업

그림 1-1 교육 과정에서 인공지능 (AI) 시스템의 역할

1. 수업
2. 학습
3. 평가
4. 관리

을 실현하고 있다. 먼저 교사들의 수업방식이 예전보다 훨씬 더 다양해졌다. 과거처럼 단 한 권의 교과서를 놓고 수업하는 대신, 우수한 다양한 수업 기자재를 활용해 다양한 형식으로 학생들에게 수업을 진행할 수 있게 되었다.

예를 들어 음성인식 기술이나 이미지인식 기술 등을 수업에 활용하면 교사와 학생 모두 더 우수한 수업 경험을 할 수 있다. 교사가 영어 문장 하나를 촬영해 클라우드에 올리면 해당 시스템이 적합한 말투로 그 문장을 읽어준다. 또 그 문장을 음성테스트 시스템에 올린 뒤 학생들에게 따라 읽도록 할 수도 있다. 동시에 해당 시스템은 학생들을 자동으로 평가하고 점수를 매긴다.

또한 VR/AR, 빅데이터가 인공지능(AI) 시스템과 결합하면 수업을

더욱 풍성하게 만들 수 있다. 가령 구글은 VR/AR 기술을 통해 '증강·가상현실교육'을 실현해 기존의 수업방식을 바꾸어놓고 있다.

교사들은 수업 과정에서 발생한 학생들 관련 데이터를 수집 및 분석해 각 학생이 내용을 얼마나 이해하고 있는지 정확하게 파악할 수 있고, 개별 학생에게 맞춤형 숙제를 내줄 수 있다. 이 과정을 통해 맞춤형 교육 효과를 얻을 수 있다.

2. 학습

수업 시간에 학생들은 학습 내용 간의 관계를 토대로 빅데이터를 이용해 지식그래프(Knowledge Graph)를 만들 수 있고, 나아가 학습 계획도 세울 수 있다. 또 데이터 분석 기술을 이용하면 학생들의 학업 수준을 분석하고, 해당 학생에게 적합한 맞춤형 학습 계획을 만들어줄 수 있다. 이처럼 인공지능(AI) 시스템은 학생들을 위한 맞춤형 보조 수단으로서 학생들 각각의 학습능률을 높여준다.

예를 들어보자. 과거의 경우 한 과목 수업 시간은 보통 한 시간 내지 두 시간 동안 진행되지만 학생에 따라서는 30분이면 필요한 지식을 배울 수 있다. 만약 인공지능(AI) 시스템을 도입하면 어떻게 될까? 먼저 학생들의 학업성적을 평가한 뒤 해당 학생에게 최적화된 맞춤형 연습문제를 추천할 수 있다. 그러면 시간도 절약되고 학습효과도 높아진다.

또한 이미지인식 기술은 학생들의 학습능률을 높일 수 있다. 학생이 핸드폰으로 교재 또는 숙제 내용을 찍어서 인공지능(AI) 시스템에

올리면, 해당 시스템은 사진 또는 텍스트를 분석해 그에 대응하는 요점이나 어려운 점 등을 보여줄 수 있다. 이런 공부 방식은 학생들의 자기주도형 학습 가능성을 크게 끌어올릴 것이다.

3. 평가

기존 교육체계에서는 교사들이 시험 준비와 평가 등에 많은 시간을 빼앗겼다. 하지만 지금은 인공지능(AI)과 빅데이터가 교육 분야에 활용되면서 자동첨삭과 맞춤형 피드백이 현실화되었다.

인공지능(AI) 시스템을 이용해 평가하는 경우, 교사들은 답안지를 스캔하기만 하면 된다. 그러면 해당 시스템이 스캔된 답안지의 점수, 평균, 최고 점수, 오답률이 가장 높은 문제 및 여기에 해당하는 내용 등에 대해 실시간 통계를 작성해서 보여준다. 교사는 이 정보를 통해 시험 결과를 실시간, 전면적으로 분석할 수 있다.

설령 수십만, 수백만 장의 답안지를 분석한다고 해도 인공지능(AI) 시스템은 이미지 및 텍스트 식별 기술과 텍스트 검색 기술을 이용해 모든 답안지를 빠르게 검사한 뒤, 문제가 있는 답안지만을 골라 보여줄 수 있다. 이것이 바로 '스마트 평가'다.

4. 관리

학생이 할 일이 '배움'이라면 학교가 할 일은 수업 이외에 교육행위 데이터 분석을 통해 관리 업무를 강화하는 것이다. 학교 측은 교무처, 학생처, 학무처 등 각 산하 부서의 관리상 중점사항을 충분히 고려한 뒤, 인공지능(AI) 시스템을 이용해 교육행위 관련 데이터를 수집, 기록, 분석할 수 있다. 이를 통해 수업의 실태를 전면적으로 파악하고 수업의 정보화를 효율적으로 추진할 수 있다.

현재 일부 학교에서는 '학생 페르소나(persona)', '학생 행위 조기경보', '학생 종합데이터 검색' 등 다양한 시스템을 구축했다. 이 시스템을 이용해 각 학생이 특정 전공분야에서 어떤 잠재력을 지니고 있는지 효과적으로 분석하고, 나아가 해당 학생에게 맞춤형 관리 솔루션을 제공할 수 있다.

예를 들어 모든 학생에게 자신이 원하는 과목을 선택할 수 있도록 하려면 학교 측은 어떻게 강의 시간표를 배치해야 할까? 인공지능(AI) 시스템이 도입되지 않은 과거에는 교사들이 적어도 몇 주는 고생해야 시간표를 짤 수 있었고, 더욱이 그렇게 해도 학생들의 다양한 욕구를 모두 충족시킬 수 있다는 보장도 없었다. 하지만 인공지능(AI) 시스템을 이용해 커리큘럼을 짜는 경우, 학생들이 자신이 원하는 과목을 시스템에 올려놓기만 하면 시스템은 교실과 교사 정보를 토대로 신속하게 커리큘럼을 짠다. 이는 커리큘럼 배정의 효율성은 물론 학생들의 만족도를 크게 높여준다.

빅데이터와 인공지능(AI)을 교육 분야에 활용하는 것은 이제 막 걸음마 단계에 들어섰다. 그러나 앞으로 빅데이터에 기반한 인공지능을 이용해 진정한 의미의 맞춤형 교육이 현실화될 것이다.

제2장

5G가 이끈 '인공지능(AI)+교육'의 활성화

인공지능(AI)이 교육 분야에 뿌리를 내리고 활용되는 과정은 점진적으로 이루어졌다. 인공지능(AI)은 다양한 첨단기술과 심도 있게 융합해 현대 세계가 더욱 지능화하도록 이끌었으며, 앞으로 스마트교육을 더 빠르고 전면적으로 발전시켜나갈 것이다. 5G는 인공지능(AI)의 발전을 견인하는 강력한 추진체다. 2019년은 5G 상용화의 원년으로 불리고 있으며, 5G가 활성화되면서 인공지능(AI)의 발전 역시 가속화되고 있다. 이는 스마트교육을 뒷받침하며 학생 중심의 개인화 교육을 현실화하고 있다.

5G는 인공지능(AI) 발전에 날개를 달아준다

5G는 인공지능(AI)과 결합해 인공지능(AI)의 발전을 가속화하고 있다. 5G는 '초고속 전송 속도', '초저지연(lag time, 랙 타임)'의 네트워크를 제공할 수 있다. 또한 5G의 분포식 핵심망과 네트워크 슬라이싱(network slicing, 망 쪼개기)이 인공지능(AI)에 적용되면 교육 분야에서의 응용 범위는 더욱 확대되고, 나아가 사용자의 개인 주문맞춤형 네트워크도 실현할 수 있다.

5G의 3대 강점

5G는 기존의 LTE(4세대 이동통신, 4G)와 비교해 강력한 강점을 지니고 있다. 5G는 초고속, 초광대역, 초저지연이 특성으로, 이는 인공지능(AI)의 기능, 성능, 응용 등을 과거보다 크게 강화했다.

1. 초고속

5G의 가장 직관적인 특징은 빠른 전송 속도다. 5G의 최대 전송 속도는 10Gbps에 달한다. LTE의 최대 전송 속도가 100Mbps이므로 이론

적으로 5G망은 LTE망보다 약 100배 빠르다.

　중국의 차이나유니콤(China Unicom)이 2019년 4월 발표한 자료에 따르면, 차이나유니콤과 ZTE(中興通訊, 중싱통신)가 함께 만든 5G 테스터 기기의 전송 속도가 2Gbps에 달했다고 한다. 현실에서의 5G망 속도도 약 200Mbps에 달해 광섬유의 상용 전송 속도보다 월등히 빠르다. 두 시간짜리 고화질 영화 한 편을 다운받는 데 1분도 채 걸리지 않는 셈이다.

2. 초광대역

인공지능(AI) 앱은 LTE망 지원하에서도 기본적인 기능을 구현할 수 있다. 하지만 인공지능(AI) 앱 사용자가 많아지면 클라우드 인공지능(AI)과 엣지 인공지능(edge AI)을 연결하는 수요량이 증가하기 때문에 LTE망이 점차 포화가 되면서 앱 실행 속도가 떨어진다. 반면 5G는 인공지능(AI) 앱 사용자에게 더 넓은 대역을 제공한다.

　5G 초광대역의 이런 강점 덕분에 사용자들은 서비스를 마음껏 즐길 수 있고, 다른 기기도 동시에 사용할 수 있다.

3. 초저지연

초저지연이란 말 그대로 사용자가 명령을 내릴 때부터 그 명령이 시행될 때까지 걸리는 시간이 매우 짧아진다는 뜻이다. 그러면 당연히 인공지능(AI) 앱의 정확성과 신뢰성이 크게 높아진다. 인공지능(AI) 자동화 조작의 경우, 초저지연 망을 사용하면 인공지능(AI)의 작업 효율성을 크게 높일 수 있다. 사용자가 명령을 내림과 거의 동시에 명령이 수행되므로 사용자의 만족도가 높아진다.

인공지능(AI) 앱에서 센서가 생성해내는 방대한 데이터는 클라우드로 전송되어 복잡한 연산을 수행하는데, LTE망의 데이터 대역으로는 이런 과정을 수행하기에 불충분하다. 반면 5G망은 초광대역 및 초저지연이라는 강점이 있어 방대한 데이터에 대한 복잡한 연산과 전송이 가능해진다.

5G망을 통해 고객의 다양한 수요를 만족시킬 수 있다

네트워크 데이터의 중앙에 위치한 5G 핵심망(5GC, 5G Core Network)은 사용자 단말(UE, user equipment)에서 전송한 데이터를 처리하며 동시에 사용자의 이동성과 대화를 관리하는 역할을 수행한다. 5G 핵심망은 LTE 핵심망과 근본적으로 다르며, 특히 네트워크 구조에서 이런 변화가 두드러진다. 5G 핵심망은 SBA(서비스 기반 아키텍처)를 채택하고 있다. SBA는 망 요소의 기능을 분리하고 더 세분화시켰기 때문에 고객의 다양한 서비스 수요를 충족시킬 수 있다. 또 상이한 망 요소 간 상호 의존성을 없애서 독자적인 기능을 수행할 수 있다.

5G 핵심망의 각 망 요소는 매우 많다. 각 망 요소는 지원하는 기능이 다양하며 상호 독립적으로 작동하기 때문에 각 망 요소의 기능이 교차되는 기존의 문제점을 효과적으로 해결해 네트워크의 실행 효율성을 크게 높였고, 자동화 운영 시스템 수준이 더욱 높아졌다.

5G망에 기반을 둔 인공지능(AI) 앱 역시 자동화 운영이 더욱 강화되었고, 덕분에 실행의 효율성도 크게 높아졌다.

5G 네트워크 슬라이싱은 '개인 주문맞춤형' 네트워크를 만든다

'네트워크 슬라이싱(network slicing)'이란 물리적인 망을 몇 개의 가상망으로 쪼갠 뒤, 개별 사용자의 니즈(네트워크의 지연 시간, 대역폭, 안전성 등)에 맞게 이 가상망들을 구분 및 배정하는 것을 말한다.

이해를 돕기 위해 망을 도로 차선에 비유해 보자. 만약 모든 차가 한 차선에서만 달린다면 도로는 꽉 막히게 될 것이다. 하지만 차량 유형에 따라 자동차 전용차선, 비(非) 자동차 전용차선, 버스 전용차선, 추월차량 전용차선 등으로 세분화한다면 교통체증 현상을 크게 줄일 수 있다.

네트워크 슬라이싱은 사용자의 다양한 니즈에 맞춰 다양한 네트워크 채널을 설정하고, 사용자가 동영상을 시청할 때 시스템은 변수값 조정을 통해 사용자에게 전용 5G망 서비스를 제공할 수 있다. 그러면 사용자는 HD(고화질) 실시간 동영상을 시청해도 끊김이 발생하지 않는다. 이처럼 네트워크 슬라이싱의 '개인 주문맞춤형' 서비스는 각 사용자의 다양한 니즈를 충족시킬 수 있다.

기존 LTE 망에서는 광대역 불안정, HD 영상 시청 시의 끊김 등 문제점이 있었는데 이는 5G 네트워크 슬라이싱 기술을 통해 해결할 수 있다. 5G 네트워크 슬라이싱 기술은 단대단(end-to-end) 데이터 전송

방식을 채택해 HD 동영상을 시청할 때도 시간 지연을 크게 줄여 사용자에게 우수한 시청 경험을 제공한다.

5G 네트워크 슬라이싱은 다음 3종류로 구분할 수 있다.

그림 2-1 5G 네트워크 슬라이싱의 종류

1. 모바일 광대역 슬라이싱

모바일 광대역 슬라이싱은 HD 실시간 동영상 방송, 홀로그램 기술 지원, VR/AR 기술 지원 등의 기능을 수행하며, 이 기능을 제대로 실현하려면 초고속망이 필요하다.

2. 대용량 사물인터넷 슬라이싱

대용량 사물인터넷 슬라이싱은 활용 범위가 매우 넓다. 대표적으로 스마트 시티, 스마트 홈, 스마트 농업, 스마트 물류 등에 이용된다. 여기에서는 망을 얼마나 넓은 지역에 깔았는지가 중요하고, 시간 지연, 이동성 등은 상대적으로 덜 중요하다.

3. 특수 기능용 사물인터넷 슬라이싱

무인 자율주행, 원격의료 등 첨단기술 분야의 특수한 기능을 수행하는 데 사용될 수 있다. 여기에서는 네트워크의 초저지연, 안정성 등이 매우 중요하게 요구된다.

네트워크 슬라이싱 기술을 이용하면 5G망의 속도를 높이고 비용을 절감할 수 있으며, 또 다양한 고객의 니즈에 부합하는 서비스를 설계하고 제공할 수 있다. 또한 5G망 기반의 인공지능(AI) 앱 역시 다양하고 탄력성 있게 운용할 수 있어 교육 분야에서도 이를 다양하고 효과적으로 활용할 수 있다.

5G에 기반을 둔 스마트교육의 개막

5G와 인공지능(AI)의 결합은 인공지능(AI)의 발전을 촉진했고, 나아가 교육 분야에서 인공지능(AI)의 활용 범위를 크게 확대해 스마트교육은 큰 폭으로 성장할 수 있게 되었다. 5G는 기존 교육 분야의 기술 장벽을 허물어 교육 분야의 혁신을 이끈다. 5G는 인공지능(AI)과 더불어 교육업계에 새로운 능력을 불어넣고, 이는 스마트교육의 발전과 확산을 불러온다.

5G는 교육 분야의 기술 장벽을 허문다

5G는 교육에 혁명을 초래할 수 있는 기술이다. 5G가 제공하는 초고속, 초광대역, 초저지연 네트워크는 기존 교육 분야의 발전을 가로막고 있던 수많은 기술 장벽을 허물 것이다. 그 내용은 다음과 같다.

1. 교육에서의 경험 향상

전송 속도, 네트워크 품질 등에서 5G가 일으킨 혁명은 교육의 경험도 크게 바꿔놓는다.

그림 2-2 5G는 교육 분야의 장벽을 무너뜨린다

5G망의 시간 지연은 10밀리세컨드(0.01초) 이하로 줄어든다. 그러면 실시간 생방송이 더욱 원활해지므로 교사와 학생 간 실시간 쌍방향 상호교류가 가능해진다. 또한 초저지연과 초광대역은 VR/AR의 발전을 견인하며, 이는 VR/AR이 교육 현장에서 더 다양하게 활용되는 길을 열어줄 것이다. 사이버(가상현실, 증강현실 등) 수업, 시뮬레이션 수업, 사이버 트레이닝(사이버 훈련 파트너와 함께 영어 회화, 음악 연주, 바둑 대국 등을 훈련하는 방식) 등을 통해 학생들은 마치 진짜 같은 사이버 환경 속에서 가상현실 수업을 받게 될 것이다. 5G가 더욱 보편화되면 VR/AR 교육의 비용도 크게 절감될 것이다. IDC(인터넷 데이터 센터) 측은 "교육 시장에서 2019년에 이미 교육 관련 사용자 중 20% 이상이 VR/AR 솔루션 이용을 고려하기 시작했다"라고 밝혔다.

2. 교육 데이터의 상호교류

미래에는 5G를 기반으로 '만물인터넷(IoE, internet of everything)'이 현실화됨으로써 교육 데이터의 상호 연결 문제가 해결될 것이다.

기술적 한계로 인해 기존의 수많은 교육 관련 인공지능(AI) 앱은 수집된 데이터를 단말 내에만 저장하고 단말 상호 간 데이터 교환이 이루어지지 못했다. 더욱이 각 인공지능(AI) 앱이 수집한 데이터 역시 각 학교, 지역사회, 도시 학생들의 총체적인 상황을 정확히 반영하지 못했다.

반면 앞으로 5G망이 더욱 확산되어 만물인터넷이 현실화되면 교육 분야의 각종 인공지능(AI) 앱은 사물인터넷 기능을 갖추게 된다. 만물인터넷은 인공지능(AI) 앱이 기존보다 더 다양하고 복잡한 데이터를 수집할 수 있도록 한다. 이 데이터들은 빅데이터 분석 과정을 거쳐 학생과 교사들의 실제 상황을 더욱 포괄적이고 입체적으로 파악할 수 있게 한다. 또 인공지능(AI) 앱 상호 간 연결이 가능해지면서 교사와 학생 간 쌍방향 교류 역시 지금보다 훨씬 더 다양하고 깊이 있게 진행될 것이다.

3. 인공지능(AI) 발전의 장애물 제거

5G는 인공지능(AI)의 발전을 가로막는 장애를 해결해서 발전을 촉진한다.

인공지능(AI)은 조기교육과 학교 교육 현장에서 일부 활용되고는 있으나 여전히 걸음마 단계에 머물러 있다. 인공지능(AI) 발전의 가장 큰 과제는 바로 교육로봇의 딥러닝 능력을 향상시키는 일이다. 교육로봇은 딥러닝 능력을 지니고 있어서 데이터의 선별, 정리 및 분석이 가능하며, 이 과정에서의 반복학습을 통해 스스로를 업그레이드한다.

정보량이 폭발적으로 증가하는 오늘날 방대한 빅데이터의 처리는 교육로봇에게는 큰 과제다.

이 문제를 해결할 수 있는 기술이 바로 5G로, 교육로봇의 학습능력과 학습속도를 높이고 인공지능(AI)의 발전을 견인할 수 있다. 앞으로 인공지능(AI)은 5G를 기반으로 교육 분야에 깊숙이 진입해 학생의 개인화 학습 수요를 충족시켜줄 전망이다.

5G는 교육업계의 혁신을 이끈다

현재 많은 학교에서 사용하고 있는 전자설비는 PPT나 동영상의 방영, 정보 검색 등 제한된 기능만 제공할 수 있으며 전자설비 간의 연결은 실현되지 않았다. 반면 5G망은 인간과 인간 사이의 통신은 물론, 인간과 사물, 사물과 사물 상호 간의 연결도 가능하게 한다.

교육 혁신에서 교육설비의 가장 큰 문제점은 바로 설비 간의 연결이다. 만약 교실의 전자설비가 도서관의 데이터 자료와 연결되고, 학생들의 학습설비와 연결되고, 또 교사의 수업 기자재와 연결된다면 어떻게 될까? 수업 시간에는 지금보다 훨씬 더 활발한 상호교류가 이루어질 것이다.

이러한 초연결과 쌍방향 상호교류는 교육의 혁신을 이끌게 된다. 변혁은 다음 세 가지 방면에서 이루어질 것이다.

그림 2-3 5G는 교육 분야의 혁신을 일으킨다

1. 교육설비와 기술의 혁신

5G가 교육 분야에서 활용되면 교육 설비의 세대교체를 이끈다. 기존의 수업 기자재는 역사의 뒤안길로 사라지고, 그 대신 5G, 빅데이터 기술과 결합한 인공지능(AI) 앱이 미래의 교실에서 매우 중요한 역할을 수행할 것이다.

2. 수업방식의 혁신

5G가 교육 분야에 본격적으로 활용되면 교과서 중심의 기존 수업방식에도 큰 변화가 일어날 것이다. 오늘날 온라인교육이 비약적으로 발전하고 '이중교사 교실(유명교사가 온라인으로 강의하고, 현지 교사가 오프라인으로 지도하는 수업 방식)'도 곳곳에서 등장하고 있는데, 이는 수업방식의 혁신을 일으켰다. 미래에는 5G를 기반으로 한 인공지능(AI), VR/AR 등 첨단기술이 수업방식에 근본적인 변혁을 일으킬 것이다. 미래의 교육은 VR/AR 등 첨단기술의 지원하에 시간과 공간의 제약을 완전히 뛰어넘기 때문에 학생들은 언제 어디에서나 현실과 똑같은, 또

는 초현실적인 가상현실 환경에서 학습할 수 있게 된다.

3. 학교 형태의 변화

5G로 인해 학교의 형태도 변화해 기존의 학교는 새로운 형태의 학습센터로 변모할 것이다.

5G망 기반의 교육자원을 이용하면 실시간 교육, 공유형 교육(shared education)이 가능해지므로 기존의 학교를 전면 재편할 수 있다. 즉 학교와 학교를 연결하고, 학교와 교육기관들을 연결하고, 학교와 집 사이의 보이지 않는 '단절'을 해소할 수 있으므로 교육자원을 더 깊이 있게 상호 교류할 수 있게 된다. 이처럼 5G, 빅데이터, 인공지능(AI) 등 첨단기술을 이용해 완전히 새로운 패러다임의 교육 생태계와 교육 모델을 구축할 수 있다.

5G와 인공지능(AI), 교육에 새로운 힘을 불어넣다

오랫동안 '인터넷+교육'은 교육 분야의 발전을 이끈 주요 트렌드였으며, 최근 들어서는 초중고교육, 아동교육, 전인교육 등이 급성장하고 있다. 5G가 인공지능(AI)과 결합하면 교육에 새로운 힘을 불어넣고, 스마트교육의 발전 속도를 가속화할 수 있다. 현재 인공지능(AI)은 숙제 첨삭, 시험 실시, 과목 배정, 수업, 방과 후 학습 등 다양한 분야에 활용되고 있다. 여기에 5G가 융합되면 인공지능(AI)의 활용 범위는 더욱 확대되며, 인공지능(AI) 교실, 인공지능(AI) 교사 등의 출현도 곧 현실화될 것이다.

중국의 경우 2018년 8월 뉴스 플랫폼 진르터우탸오(今日頭條)가 어린이 영어 학습 앱 '에이아이키드(aiKID)'를 온라인에 출시했다. 인공지능(AI)을 통한 실시간 수업방식을 채택한 이 앱에는 아동에게 영어를 가르치는 인공지능(AI) 교사 '판다 자자(熊猫加加)'와 인공지능(AI) 실시간 교실 '푸타오 즈쉐(葡萄智學)' 등이 등장한다. 5G 기반의 에이아이키드는 방대한 수업 동영상에 대한 시각인식과 음성인식을 통해 학생들의 수업 상태를 판단한 뒤 이를 토대로 맞춤형 수업을 실시하기 때문에 학생들의 개인화 니즈를 충족시킬 수 있다.

또한 2019년 6월 유명 드론 제조 기업이자 과학기술 기업인 DJI(Dajiang Innovation, 大疆創新)는 교육로봇 '로보마스터 S1(RoboMaster S1)'을 출시했다. 이 로봇은 46개의 코딩 제어 부품과 6종류의 인공지능(AI) 코딩 모듈을 장착하고 있으며 초저지연의 1인칭 시점, 스크래치 앤드 파이선(Scratch & Python) 코딩, 다양한 종류의 배틀, 체험형 신(新) 과학 커리큘럼 등을 지원한다.

5G와 인공지능(AI)은 과학기술의 혁신을 이끄는 원동력이며, 이를 통해 스마트교육의 의의와 가치가 실현될 것이다. 5G와 인공지능(AI)의 융합은 교육의 형태를 바꾸어놓고, 교육 과학화의 발전과 교육 평가 시스템의 재편 등을 끊임없이 추진하며, 교육의 지역 간 균형 발전 및 전반적인 수준 향상을 이끌기 때문이다.

특히 5G와 인공지능(AI)의 융합은 낙후 지역 학생들이 우수한 교육 자원을 함께 누리도록 하는 데 커다란 역할을 하게 될 것이다.

일례로 중국의 차이나모바일(China Mobile)은 '5G+인공지능+교육' 시스템의 구축에 박차를 가하고 있다. 2018년 말 차이나모바일은 중국의 수만 개 초중고교를 대상으로 기존 학교망의 업그레이드를 지원했다. 그 결과 학교망의 속도가 빨라졌고, 더 많은 인공지능(AI)의 활용을 위한 인프라가 구축되었다. 또한 차이나모바일은 '5G 기반 인공지능(AI) 이중교사 교실' 사업을 적극 추진 중이다. 이는 5G와 인공지능(AI) 및 교육 환경의 융합을 통해 여러 지역의 학교가 동일한 수업에 동시에 참여할 수 있도록 만드는 사업으로, 경제적으로 낙후된 지역 학생들이 제대로 된 교육을 받지 못하는 문제를 해결해줄 수 있다.

결론적으로, 5G와 인공지능(AI), 교육의 융합은 각종 스마트교육 솔루션이 교육 현장에 적용되는 데 기여한다. 이러한 스마트교육 솔루션을 통해 5G와 인공지능(AI)은 교육 분야에 폭넓게 활용되어 교육에 혁신을 일으켜 미래의 교육은 지금보다 더 과학화되고 맞춤화된 교육으로 발전할 것이다.

5G는 기존의 교육시스템을 완전히 바꿔놓는다

모바일통신 기술의 발전은 교육업계의 변혁을 가속화했다. LTE가 발전하고 모바일 인터넷 시대가 열리면서 각종 실시간 플랫폼과 신규 교육기관이 잇달아 등장했다. 중국의 경우, 이른바 BAT(바이두, 알리바바, 텐센트)로 대표되는 거대 인터넷기업이 교육 사업에 뛰어들면서 기존의 전통적인 교육 모델은 큰 위협에 직면했다.

오늘날 5G는 순조롭게 발전하고 있다. 5G가 교육 분야에 뿌리를 내리고 활용 범위를 확대함에 따라 새로운 교육 모델이 교육시스템과 교육 방식의 혁신 및 발전을 가속화하고 있다.

커다란 변혁에 직면한 기존의 교육 방식

현재 인공지능(AI)이 교육 분야에 폭넓게 활용되면서 기존의 수업방식에 커다란 변화를 가져오고 있다. 5G망 기반의 인공지능(AI)은 기존의 수업방식을 완전히 바꾸어놓을 혁신을 불러올 것이다.

지금까지의 수업방식은 사람과 사람 사이의 연결에 중점을 두었고, 교재와 교사가 교육의 중심이었다. 또 교사의 일방적인 지식 주입, 학생들의 피동적인 지식 공부가 보편적인 모습이었다. 이는 학생들의 능동적이고 자율적인 학습을 저해하고 학습능률을 떨어뜨렸다.

그러나 인공지능(AI)의 행위 감지 기술을 이용하면 학생들의 행위 관련 데이터(공부습관, 흥미, 정서의 변화 등)를 수집할 수 있으며, 이 방대한 행위 관련 데이터를 분석해 학생들의 천부적인 자질, 흥미, 발전 방향 등을 파악할 수 있다. 이는 개별 학생의 최적화된 성장 계획을 수립하는 데 활용되어 맞춤형 교육을 실현하게 한다.

이 과정에서 인공지능(AI)은 데이터를 수집하고, 이 데이터에서 학생들의 학습 관련 모델을 분석 및 추출할 수 있으며, 나아가 향후 학습 상황을 예측할 수도 있다. 그런데 방대하고 복잡한 데이터를 수집 및 실시간 처리하는 일은 인공지능(AI)에 과부하를 일으켜 정상적인 운행을 방해할 수 있다. 이때 초고속 5G망이 큰 역할을 할 수 있다.

5G는 만물인터넷을 통해 인공지능(AI)의 활용 범위를 크게 확장할 수 있다. 또한 5G와 인공지능(AI)은 모두 동일한 데이터, 즉 수집된 방대한 빅데이터를 함께 사용하기 때문에 이 둘은 효과적으로 융합될 수 있다. 사람과 사람 사이의 연결이든, 사물과 사물의 연결이든 모두 방대한 빅데이터를 생성하며 이 빅데이터는 인공지능(AI)의 분석 및 운행을 뒷받침한다.

5G에 기반을 둔 인공지능(AI)은 IoT, 빅데이터 등과 융합하여 발전하고, 나아가 인간의 사유방식을 더욱 정교하게 모방하며, 더 지능화된 방식으로 더 다양한 상황에 활용된다. 첫째 언어처리, 적응형 등의 기능은 학생들의 커리큘럼 선택에 대한 개인화 수요를 충족시킬 수

있다. 둘째 시각인식, 언어인식 등의 기술은 교육의 각 세부 분야에 활용되어 효율성 제고에 기여한다.

5G가 활성화될수록 더 많은 스마트 앱이 교육 현장과 학습 관리에 활용되고, 인공지능(AI)은 교육의 각 세부 분야에 깊숙이 진입할 것이다. 이런 상황에서 기존의 교육 방식은 커다란 변혁에 직면할 수밖에 없다.

기존 교육의 시공간적 제약을 무너트린다

기술 혁신은 콘텐츠 사용자에게도 큰 영향을 끼친다. 5G는 초고속, 초저지연 등의 강점을 바탕으로 점점 더 많은 사용자를 끌어들이고 있다. 많은 국가가 5G 관련 연구와 시스템 구축 등에 정책 차원의 지원을 아끼지 않고 있어 전문가들은 2023년까지 전 세계 5G 이용자 수가 10억 명에 이를 것으로 전망한다.

현재 인텔은 5G와 VR/AR 기술을 융합해 스포츠 산업에서의 발전을 도모하고 있다. 스마트폰 운영체제(OS)의 강자인 애플은 새로운 앱 생태계 구축을 목표로 VR/AR 앱 개발에 박차를 가하고 있다.

이러한 트렌드는 미래에 5G가 콘텐츠 사용자에게 커다란 영향을 끼치고, 또한 교육 방식을 혁신해 기존의 교육모델을 바꾸어놓을 것임을 시사한다. 5G가 제공하는 HD 동영상 전송 서비스는 온라인교육의 발전을 위한 기술적인 기반으로 온라인교육의 특징(고효율, 편리함, 교육자원의 상호교환 등)은 시간과 공간의 제약 등 기존 교육의 한계를 해결할 수 있다.

5G와 인공지능(AI)의 융합으로 진정한 온라인교육이 활성화되어 SNS 생방송, VR/AR 등 다양한 형태의 교육 방식이 지속적으로 출현해 학생들에게 더 우수한 학습 경험을 제공할 것이다.

교육은 '말로 전달하고 몸으로 배우는 것'이 중요하다. 그러나 기존의 온라인교육은 '말로 전달하는' 과정은 있지만 '몸으로 배우는' 과정은 없으며 이는 오랫동안 온라인교육의 단점이었다. '몸으로 배우는' 것은 인간의 학습 방법 중 가장 중요한 방법 중 하나다. 더욱이 '환경'이 학습효과에 미치는 영향도 결코 무시할 수 없다. 하지만 기존의 상당수 온라인교육은 학생들에게 제대로 느끼고 지식을 이해하도록 하지 못해서 학습효과도 높지 못했다. 이 경우 VR/AR이 큰 강점을 갖고 있다. VR/AR은 학생들에게 마치 자신이 그 상황에 처한 것처럼 느끼게 만들고, 마치 현실 같은 수업환경을 조성하기 때문에 학습효과를 극대화할 수 있다.

VR/AR 교육은 학생들의 관심과 흥미를 유발하고, 그들의 감각기관과 사유를 전방위적으로 동원하여 학습하게 한다. 그 결과 학업 능률이 올라가고 더 우수한 학습경험을 할 수 있게 한다.

학생들은 어디에서든 VR/AR 학습을 할 수 있으며, 수업 시간에는 선생님과 효과적으로 쌍방향 소통을 할 수 있다. 이런 새로운 교육 방식은 시공간의 제약을 완전히 뛰어넘으며 학습을 더욱 자유롭게 만든다.

5G와 인공지능(AI)이 교육 분야에 활용되면서 학생들의 학습 방식

을 변화시키는 것은 물론, 교사들의 수업방식도 바꿔놓고 있다. 새로운 교육 환경에서는 교사 역시 마찬가지로 VR/AR 온라인교육의 사용자다. 온라인교육이 발전하면서 기존의 교육 방식 역시 변화가 불가피해졌다. 학교는 '이중교사 수업'과 같은 온라인 수업을 개설할 것이고, 교육의 핵심 콘텐츠는 공신력 있는 교육기관의 전문가들이 제작한 온라인 과목이 될 것이다. 또한 기존의 교사들은 수업의 보조자가되어 온라인교육을 보조하고, 학생들의 질문에 답하거나 학생들의 학습을 지도하는 역할을 하게 될 것이다.

5G와 인공지능(AI)의 융합은 기존 교육 체계를 변화시키고, 콘텐츠 사용자들에게 커다란 영향을 끼치게 될 것이다. 학생에게는 더 원활한 학습 방식을 제공하고, 교사에게는 더 다양한 수업 모델을 제공함으로써 기존의 교육 체계는 큰 변혁을 맞이하게 될 것이다.

VR/AR 교육 환경을 조성해 몰입형교육 실현

시각은 인간이 정보를 받아들이는 가장 중요한 통로다. 따라서 시각의 경계가 확대되면 인지의 경계 역시 확장된다. 역사적으로 보면 인류는 망원경이나 현미경 등 다양한 도구를 만들어 시야를 확대해왔다. 오늘날 5G가 교육 분야에 응용되면서 새로운 교육 모델이 등장했고, 이는 사용자에게 새로운 시각적 경험을 선사해주고 있다.

5G의 빠른 속도 덕분에 VR/AR 설비의 업무 효율이 크게 높아졌고, 또 5G의 초저지연 장점으로 인해 영상의 화질이 좋아져 시청할

때 어질어질한 느낌을 주지 않는다. 다시 말해, VR/AR이 비약적으로 발전할 수 있었던 바탕에는 바로 5G의 지원이 있었다.

영상의 화질이 좋아지면 학습할 때 받는 느낌도 달라진다. 5G는 기존보다 더 우수한 시각적 경험을 제공하기 때문에 교사와 학생들은 더 신속하게 각자의 감정을 전달하고 원활하게 소통할 수 있게 된다. 이는 온라인에서의 일대일 수업과 이중교사 수업이 발전할 수 있는 토대가 된다.

5G는 수업방식의 변화도 초래한다. 기존에는 오프라인 교실 수업 위주였지만, 미래에는 오프라인과 온라인을 병행하는 수업 방식으로 바뀌게 된다. 교육 분야에서 5G가 일반화되면 VR/AR 기술을 적용한 앱을 수업환경에 더 활발하게 활용할 수 있게 되어 학생들에게는 쌍방향 학습 환경이 조성되고, 교사의 수업의 질도 크게 높아진다.

VR/AR 기술의 장점은 이뿐만이 아니다. 학생들에게 사실감 있고 생동감 넘치는 학습 환경의 조성뿐 아니라, 교육 비용의 절감, 실제 조작에 따른 위험의 회피 등 다양한 장점이 있다. 앞으로는 사이버 캠퍼스, 사이버 실험 등도 널리 실현될 전망이다. VR/AR 기술은 학생들의 학습능력과 창의성, 잠재력 발굴에 기여하며 교육에서의 각종 난제 해결에도 도움을 준다.

VR/AR 기술을 교육과 융합하고 우수한 교육자원을 활용하면 추상적인 개념을 구체화하여 학생들에게 몰입형 학습 환경을 제공할 수 있다. 기술이 지속적으로 발전하고 비즈니스 모델이 더 성숙해지면, VR/AR을 이용한 교육이 앞으로 폭발적인 발전기를 맞이하게 될 것이다.

우수한 교육자원의 대량 공유가 가능해진다

'교육자원의 희소성'이란 무엇인가? 사람들은 보통 우수한 교육자원은 희소하다고 생각하기 때문에 그것을 획득하려고 노력하고 더 좋은 발전의 기회를 얻어서 경쟁에서 뒤처지지 않고, 사회에서 도태되지 않으려고 한다. 따라서 희소한 교육자원을 차지하려는 경쟁에 사활을 건다.

희소한 교육자원을 확보하려면 일정한 조건을 갖춰야 한다. 가령 학생들이 살고 있는 지역 등이 대표적이다. 희소한 교육자원을 놓고 벌어지는 쟁탈전은 매우 치열하며 이는 다시 교육자원의 희소성을 가중한다. 이런 현상이 초래되는 핵심 원인은 우수한 교육자원은 한정되어 있고 공유하기 어렵기 때문이다. 그런데 5G가 교육 분야에 활용되면서 일으킨 가장 큰 변화가 바로 교육자원의 공유를 실현한다는 점이다.

인터넷이 발달하면서 교육자원의 공유는 이미 트렌드가 되었다. 인터넷의 가장 큰 특징은 대규모와 복제 가능성이며, 이러한 특징 덕분에 우수한 자원을 수많은 지역에서 대량으로 공유할 수 있다. 5G와 인공지능(AI) 등 첨단기술이 활용되면서 온라인교육의 서비스 형식 역시 지속적으로 향상되고 있고, 이러한 첨단기술에 기반을 둔 맞춤형 교육은 성장 잠재력이 매우 크다.

오늘날 많은 교육기관이 인공지능(AI)을 교육 분야에 활용하고 있다. 사교육 현장에서 활용되고 있는 방식 중의 하나는 교육플랫폼과 핸드폰 앱의 연동이다. 학생이 과목을 선택하면 인공지능 기술을 이용해 스마트분석을 실시해 먼저 해당 학생의 학습상황을 정밀하게 파악한 뒤 학습 능력과 습관이 비슷한 학생을 선별해 함께 배정한다. 이런 방식은 커리큘럼을 더욱 맞춤형으로 만들 수 있어 수업의 질이 높아지고, 학생의 학습 흥미도를 높이게 된다.

교육 분야에서 5G의 활용은 이제 시작 단계로, 향후 다양한 주체들이 나서서 협력해야만 5G의 확산을 가속화할 수 있을 것이다.

첫째, 온라인교육 기관들이 좀 더 능동적으로 학교와 협력해야 한다. 5G와 인공지능(AI) 등 첨단기술을 통해 학교가 학생들의 학습 상황을 제대로 파악할 수 있도록 지원하고, 교사들의 수업 전략 수립 등을 도와야 한다. 아울러 온라인교육 업체들은 학교와 교사들에게 교육 플랫폼을 제공하고 자체적으로 축적한 자원도 개방해 교사들이 온라인교육 업체의 우수한 기술을 이용해 현대화되고 지능화된 방식으로 수업을 진행할 수 있도록 해야 한다.

둘째, 온라인교육 업체들은 커리큘럼 개발 및 수업 등에서 일선 학교의 경험을 적극 수용할 필요가 있다. 물론 기술에 있어서는 온라인교육 업체가 더 앞설 수 있지만 교육의 경험에 있어서는 학교를 따라갈 수 없다. 일선 학교들의 경험을 수용하고 접목한다면 온라인교육 업체들은 기술의 활용 면에서 정밀성과 효율성을 높일 수 있으며, 나아가 향후 기술 개발에도 도움을 받을 수 있다. 또한 이 과정을 통해 학교와 교사들의 정확한 니즈가 무엇인지 파악할 수 있고, 그에 따라 제품과 서비스를 적절히 조정할 수 있다.

온라인교육 업체와 일선 학교의 협력은 교육자원의 공유와 새로운 교육환경 조성을 가속화하며, 이에 따라 더 많은 유용한 교육용 앱이 출현할 수 있다. 새로 개발된 많은 앱이 교육 현장에 널리 보급되면 교육자원의 희소성은 점차 약화되고, 교육비용 부담도 점점 낮아지게 된다.

5G는 주로 다음 두 가지 측면에서 교육비 부담을 완화한다.

첫째, 5G를 기반으로 하는 온라인교육은 우수한 교육자원을 더 광범위하게 공유하도록 이끈다. 우수 인재, 커리큘럼, 설비 등 교육자원을 집중적으로 이용할 수 있어 자원이용률은 높아지고 교육비용은 낮아지는 것이다.

둘째, 5G 기반의 온라인교육은 시간과 공간의 제약을 뛰어넘는다. 학생들은 불필요한 교통비, 숙박비 등을 지출할 필요가 없으므로 교육비가 절감된다.

결론적으로 5G는 교육자원의 공유를 실현하며 이를 통해 더 많은 학생에게 상대적으로 평등한 학습환경을 조성해준다. 그 결과 교육자원의 희소성은 줄어들고, 교육자원을 사용하는 비용과 학생들의 교육비 부담을 줄일 수 있다.

5G가 교육시장에 가져다준 세 가지 기회

모바일 통신 기술의 비약적인 발전, 5G와 교육의 융합 등은 교육업계에 밝은 청사진을 제시해주었다. 교육업계는 다음 세 가지 방면에서 커다란 기회를 맞이하게 되었다.

'VR/AR+교육' 활성화

5G 시대가 열리면서 초광대역, 초고속, 초저지연, 대규모 사물인터넷 활용 환경의 증가 등에 힘입어 과거에는 극복하지 못했던 여러 기술상의 어려움이 해결되었고, 이에 따라 교육 분야에서 VR/AR이 활발히 활용되고 보급되고 있다.

5G와 융합된 'VR/AR+교육'은 활용 범위가 더욱 넓어지고 있는데, 구체적으로 다음과 같다.

⑴ VR/AR 기술을 이용해 과거에는 실현하기 어려웠던 가상 체험 교육이 가능해졌다. 예를 들면 지진, 화재 등 재난 환경을 상정한 시뮬레이션 훈련 등이다.

⑵ VR/AR 기술을 이용해 고비용, 고위험 수업을 시뮬레이션할 수

있게 되었다. 비행기 조종, 수술 시뮬레이션 등이다.

⑶ VR/AR 기술을 활용해 역사적 장면을 재현하거나 3D 장면을 구현할 수 있게 되었다. 가령 선사시대의 모습 재현, 우주 탐험 시뮬레이션 등이다.

⑷ VR/AR 기술을 이용하면 사이버 시뮬레이션 훈련을 할 수 있다. 가령 외국어 공부를 할 때, 가상인간 트레이너와 함께 마치 실제 사람과 외국어로 대화를 주고받는 듯한 시뮬레이션 훈련을 할 수 있다.

VR/AR 기술은 우주 환경, 역사적 장면 등을 사실처럼 시뮬레이션할 수 있으므로 학생들의 만족도를 크게 높이고 학습 욕구도 충족시켜줄 수 있다. 사이버 쌍방향 교류 방식을 통해 더 많은 학생이 이 과정에 참여할 수 있으며, 학생들은 충분한 시간을 갖고 생각하고 체험할 수 있으므로 그 과정에서 창의력이 길러진다.

이처럼 VR/AR 기술을 교육 분야에 활용하면 더 많은 교육자원을 생성하고, 더 다양한 쌍방향 교류 콘텐츠를 만들 수 있으며, 수업방식을 더 다변화할 수 있다. 이러한 몰입형 체험 학습을 통해 학생들의 능동적이고 자발적인 학습 욕구를 이끌어낼 수 있고, 기존에 배운 지식을 새로운 학습에 전방위적으로 적용해보도록 할 수 있다. VR/AR을 이용한 교육은 다음과 같은 장점이 있다.

1. 교과서 지식이 살아 움직인다.

VR/AR 기술은 교과서 내용을 시뮬레이션해서 3D 이미지로 보여준다. 즉 교과서의 지식이 생동감 있게 학생들의 눈앞에 펼쳐지므로 교과서 지식은 더 이상 죽은 지식이 아닌 살아 움직이는 지식이 된다.

2. 학생들의 사고력이 향상된다.

VR/AR 기술을 통한 몰입형, 쌍방향 교류형 체험 학습은 학생들의 적극적인 사고를 유도하기 때문에 학생들의 공간 사고 능력, 지각 및 운동에 관한 사고 능력, 사고의 전환 등 다양한 능력을 키울 수 있다. 그 결과 학습 효율이 크게 향상된다.

3. 교사는 수업에 활력을 불어넣을 수 있다.

VR/AR 기술은 교사가 칠판에 쓰는 기존의 수업방식을 변화시킨다. 교사는 생동감 넘치는 사이버 캐릭터를 이용해 수업을 진행하기 때문에 수업 형식이 훨씬 더 풍부하고 다채로워진다.

4. 수업 분위기가 활기를 띤다.

생동감 있는 시뮬레이션 수업을 통해 수업이 활기를 띠고 재미있어진다. 가상과 현실, 교사와 학생의 쌍방향 교류는 교사와 학생들의 관계를 밀착시켜 수업 분위기가 활기를 띠게 된다.

5G가 교육 분야에 활용되면서 'VR/AR+교육'이라는 새로운 시장 기회가 열렸다. 이것이 성공적으로 실현되면 학생과 교사 모두에게 더욱 우수한 수업 경험을 제공할 것이다. 아직까지는 기술적 한계로 인해 VR/AR은 제한적으로 교육에 활용되고 있고, 첨단 기술을 접목한

교육 제품의 보급률은 미미하다. 그러나 5G가 더욱 일반화되면 'VR/AR+교육'은 기존의 기술적 한계를 뛰어넘어 더 빠르게 발전할 것이다. 또한 메타버스의 시대에 이러한 VR/AR 교육은 일반적인 교육 모델로 자리잡을 것이다.

교육에서 인공지능(AI)의 활용 범위가 크게 확대된다

5G와 인공지능(AI)이 융합하면 인공지능(AI)과 IoT, 빅데이터 등 첨단 기술과의 융합 및 발전이 더욱 활발하게 이루어져 더 완벽한 데이터 수집이 가능해지고, 알고리즘 모델 역시 더욱 최적화된다. 인공지능(AI)은 학생의 학습, 교사의 수업, 학교의 관리를 더 효율적으로 보조하게 된다.

학습을 예로 들어 보자. 첫째, 인공지능(AI) 앱은 언어처리 등 기능을 통해 학생들이 자신에게 필요한 과목을 빠르게 선택하도록 도움으로써 학생은 최적화된 맞춤형 수업을 들을 수 있다. 둘째, 첨단기술 덕분에 학생은 수준 높은 학습 경험을 할 수 있다. 인공지능(AI) 등 기술은 학습의 모든 단계에 적용되어 각 단계에서의 학습 효율을 높인다.

현재 인공지능(AI)은 교육 분야에서 다양하게 활용되고 있는데, 주로 다음과 같은 분야에서 활약하고 있다.

1. 적응형 수업

'적응형 수업'이란 수집된 학생 관련 데이터를 분석하고 지식그래프에 피드백한 뒤, 해당 학생에게 맞춤형 과목, 연습문제 등을 제공함으로써 학습의 효율을 극대화하는 방식을 가리킨다. 기존의 수업에서는 보통 한 반(班)을 기본 단위로 하여 교사가 내용과 진도가 동일한 수업을 진행했다. 반면 적응형 수업은 개인을 기본 단위로 삼고, 해당 학생만을 대상으로

그림 2-4 교육 분야에서 다양하게 활용되고 있는 인공지능(AI)

1 적응형 수업

2 가상 학습 도우미

3 전문가 시스템

4 비즈니스의 지능화

맞춤형 수업을 진행하기 때문에 수업 내용과 진도가 모두 다르다.

2. 가상 학습 도우미

가상 학습 도우미는 학생에게 '가상 조교'와 '가상 훈련 파트너'를 제공한다. 교육기관은 가상 학습 도우미를 이용해 학생들에게 더 지능화된 서비스를 제공할 수 있으며, 이 과정에서 사용자와 관련된 방대한 데이터를 피드백 받을 수 있다.

(1) 가상 조교

일반적으로 수업에서 보조교사들이 하는 역할은 학생의 질문에 답변하기, 수업 배정 관련 공지사항을 신속하게 전달하기 등이다. 이런 업무는 대부분 단순하고 반복성이 강한 정신노동이다. 인공지능(AI)은

보조교사의 이런 업무를 더 빠르고 효율적으로 수행할 수 있다.

(2) 가상 훈련 파트너

방과 후 연습은 학습 효과를 높이는 데 매우 중요하기 때문에 이 과정에서 가상 훈련 파트너의 존재 가치가 높다. 학생마다 공부하고 연습할 내용이 모두 다르기 때문에 가상 훈련 파트너에게 요구되는 내용도 달라진다. 예를 들어 이론 성격이 강한 과목의 연습문제를 푸는 경우, 가상 훈련 파트너는 연습문제에 내포된 핵심 포인트를 짚어 설명해주어야 한다. 반대로 예술창작처럼 실습 성격이 강한 과목의 경우, 스마트 기기(하드웨어)와 콤비가 되어 학생이 효과적으로 연습할 수 있도록 도와주어야 한다.

3. 전문가 시스템

전문가 시스템은 디지털화된 경험과 지식 데이터베이스 등을 활용해 예전에는 전문가만이 해결할 수 있었던 문제를 해결해준다. 전문가 시스템에는 종합분석 능력이 탑재되어 있으므로 이를 통해 새로운 지식도 습득할 수 있다.

4. 비즈니스의 지능화

교육기관의 업무 내용은 수업 연구개발, 홍보 및 학생 모집, 수업, 고객 서비스 등 매우 다양하며, 각 단계에서 인공지능(AI)의 도움을 통해 업무의 효율을 높일 수 있다.

  비즈니스의 지능화는 교육 분야에 매우 다양하게 활용될 수 있다.

첫째, 교육 관련 연구개발의 경우 '수업 및 연구 시스템', '수업 준비 도구'를 활용할 수 있다. 둘째, 홍보 및 학생 모집의 경우 '모집 플랫폼'을 이용할 수 있다. 셋째, 수업의 경우 '교실 도우미', '숙제 첨삭', '평가 테스트'를 활용할 수 있다. 넷째, 고객 서비스의 경우 '고객관리', '학급관리' 등을 이용할 수 있다.

현재 교육기관들은 일반적으로 운영 지원, 학생 관리 등 두 분야에서 비즈니스의 지능화를 활용하고 있다.

1. 운영 지원

인공지능(AI)은 교육기관의 운영 효율성을 높여준다. 인공지능(AI)은 학생들의 피드백, 학교의 환경, 학부모, 사회참여도 등 여러 기준을 적용해 각 교육기관을 평가할 수 있다. 또 교육기관에 맞춤형 리서치 솔루션을 제공할 수 있어 그 교육기관의 문제점을 찾아내 적절한 해결 방안을 제안할 수 있다.

2. 학생 관리

인공지능(AI)은 더 효율적으로 학생 관리를 실시할 수 있다. 이를 바탕으로 숙제 관리, 수업 태도 분석 등 최적의 스마트 수업 솔루션을 교육기관에 제공할 수 있다. 교육기관과 학부모는 이를 통해 학생의 객관적이고 정확한 학습 관련 현황을 파악할 수 있다.

현재 역사가 오래된 메이저 교육기관과 신흥 온라인 교육기관들은 모두 장기적인 인공지능(AI) 활용 방안을 마련해두고 있으며, 취학 전 아동에서부터 성인까지 각 연령대의 고객을 대상으로 다양한 유형의 교육을 제공하고 있다. 이처럼 인공지능(AI)은 이미 교육기관들의 필수 파트너가 되었다. 5G망의 지원하에 '인공지능(AI)+교육'은 더 광범위하고 폭넓게 발전하고 있다.

교육장비 산업의 업그레이드

5G는 인간과 인간의 통신 문제뿐 아니라 인간과 사물, 사물과 사물 사이의 상호 연결 문제도 해결했다. 5G와 IoT의 융합은 교육장비 산업에 혁신을 가져왔으며, 이 산업의 업그레이드 방향은 크게 다음과 같다.

(1) 하드웨어의 신소재화, 에너지 저(低)소비화

(2) 콘텐츠의 유형화, 인터넷화, IP화

(3) 산 · 학 · 연 자본의 융합

(4) 교육의 혁신 및 연구개발

(5) 교육장비 산업의 국제화

기술의 한계로 인해 기존의 교육장비들은 데이터의 수집, 데이터 간 상호 교류가 원활하지 못하고, 수집된 데이터 역시 학생들의 교육 상황을 포괄적이고 입체적으로 반영하지 못했다. 하지만 향후 교육장비들은 IoT의 방향으로 발전해나갈 것이다.

교육 분야에서 5G의 활용 가능성과 비전은 매우 크지만, 현실적으로 '5G+교육'은 여전히 답보 상태에 머물러 있고 앞으로 가야 할 길은 멀다.

그래서 5G와 IoT의 융합을 통한 교육장비 산업의 업그레이드는 필수 사항이 되었다. 교육 하드웨어 설비의 연구개발에 있어서, 교육기관들은 5G와 IoT의 강점을 충분히 이용해 값싸고 성능이 우수한 지능화 제품의 연구개발에 박차를 가해야 한다. 물론 이때 개발된 교육 설비는 IoT 수준이 높은 지능화 제품이어야 한다.

현재 교육업계 전체는 기회와 도전에 직면해 있다. 첨단기술을 이용해 스스로를 발전시키는 것은 큰 돌파구가 될 것이다. 또한 5G와 IoT의 융합 및 발전이라는 기회를 이용해 더욱 성장할 수 있다는 점은 분명하다.

스마트교육 개발 사례들

수많은 하이테크 기업이 5G를 교육 분야에 접목하기 위한 노력을 기울이고 있다. 중국의 경우 화웨이는 각 대학교와 협력했고, ZTE(중싱통신)는 5G 교육 플랫폼을 만들었으며, 샤오미(小米)는 인공지능(AI) 학습로봇 '샤오아이(小愛)' 교사를 출시했다. 그 밖에 각 국가의 수많은 하이테크 기업이 교육 분야에 5G를 융합하려는 노력을 통해 스마트교육의 발전을 가속화하고 있다.

차이나유니콤: '5G+스마트교육' 앱 발표

2019년 2월 차이나유니콤은 CICT(中國信科, 중국 정보통신 하이테크 그룹)와 공동으로 '5G+스마트교육' 응용 소프트웨어(어플리케이션)를 발표했다. 차이나유니콤은 5G망 데이터 전송을 통해 두 명의 교사가 서로 다른 곳에서 공동으로 수업을 진행하는 새로운 모델을 제시했으며, 이는 '5G+스마트교육'을 실현함으로써 교육의 균형적인 발전을 촉진할 것이라고 전망했다.

이 발표회에서 차이나유니콤은 홀로그램 기술, 초고속 및 초저지연 기능의 5G망을 이용해 각지에서 몰려온 학생들을 대상으로 완전히 새로운 물리 과목 공개수업을 진행했다. 이는 5G와 교육의 접목을 보여주는 최초의 공개 시연이었다.

발표회 현장에서 푸젠성 푸저우(福州)에 있는 교사와 후베이성 우한(武漢)에 있는 교사가 학생들에게 '빛과 통신의 신비한 여정'이란 제목의 물리 공개수업을 공동으로 진행했다. 푸저우와 우한 두 곳에 설치된 웹캠에는 초고속, 초저지연 기능의 5G망이 탑재되었고, 홀로그램 신호는 5G망을 통해 전송되었다. '5G+홀로그램 투사' 기술을 이용해 서로 다른 두 지역의 교사와 학생들이 실시간으로 상호 교류를 했고, 학생들은 마치 실제 교실에서 수업을 받는 듯한 생생한 경험을 할 수 있었다.

이 원격수업 시연은 이중교사 쌍방향 수업 모델을 실현하고, 교육자원의 공유 가능성을 보여준 것이다.

향후 차이나유니콤은 네트워크 자원의 확대, 5G 앱 개발, 산업사슬(Industry Chain)의 최적화 등을 통해 교육사업의 발전을 적극 지원할 계획이다.

같은 해 5월, 차이나유니콤은 넷드래곤 웹사이트(NetDragon Website Inc., 網龍網絡) 그룹 산하의 왕룽화위 교육(網龍華漁教育)과 손을 잡고 '차이나유니콤 5G혁신센터+스마트교육 시범 실험실'을 출시했으며, 이를 계기로 5G 교육 혁신 앱 개발에 주력하고 있다. 향후 차이나유니콤은 자사의 5G 통신기술과 왕룽화위 교육의 기술력을 결합하고, 여기에 홀로그램 기술, VR/AR 기술 등을 접목해 스마트교육 분야에서 새로운 앱 솔루션 및 신제품 개발을 통해 새로운 교육 모델을 제시할 계획이다.

차이나텔레콤: 탈 에듀와의 협력을 통한 스마트교육 추진

2019년 5월 차이나텔레콤(China Telecom)은 탈 에듀 그룹(TAL Education Group, 好未來)과 전략적 협력 파트너십을 체결했다. 양측은 5G 앱, 이중교사 교실 등 분야에서 협력해나가기로 합의했다. 또 미래의 교실을 겨냥한 안전하고 빠른 통신시스템 솔루션을 개발해 교육 분야에서 스마트 교육의 기반을 마련하기로 했다.

하이테크 교육 분야는 초고속, 초저지연, 초광대역 5G망의 지원하에 커다란 발전 가능성을 맞이하고 있다. 5G망을 이용하면 HD급 교육용 음성 및 동영상 콘텐츠를 실시간 전송할 수 있으며, 탈 에듀가 서비스하는 '이중교사 교실'에서도 HD급 원격 실시간 수업, 실시간의 동기화된 몰입형 쌍방향 상호 교류가 가능해진다. 이러한 방식을 통해 낙후 지역 학생들도 우수한 교육자원을 더 빠르게 공유할 수 있게 되었고, 이는 교육에서 지역의 균형적인 발전을 촉진한다. 아울러 5G는 방대한 수업 관련 데이터의 실시간 전송을 가능하게 하고, 탈 에듀의 스마트 교실에서는 이를 이용해 다차원(Multi-dimension)의 정밀한 실시간 온라인 분석을 통해 학생들에게 디테일한 맞춤형 교육 서비스를 제공할 수 있게 되었다.

차이나모바일: 5G+VR/AR 교육 개발

2019년 7월 차이나모바일(China Mobile)은 광둥성 선전(深圳)에서 '5G+
스마트교육' 앱 발표회를 개최했다. '5G가 교육에 새로운 능력을 부
여하고 지능화는 학교의 발전을 이끈다'를 주제로 열린 이번 발표회
에서는 서로 다른 두 지역에서 동시에 진행하는 5G 공개수업을 시연
했다.

선전 회의장의 교사와 베이징 회의장의 교사는 5G 홀로그램 투사
기술을 통해 현장을 찾은 학생들에게 '무지개의 비밀'이란 제목의 공
개수업을 공동 진행했다. 학생들은 VR/AR 기술을 이용해 무지개의
형성 원리를 깊이 있게 이해할 수 있었고, 5G 홀로그램 투사 기술을
통해 서로 다른 두 곳에 위치한 교사들에게서 지도를 받을 수 있었다.

공개수업 후 이어진 토론에서는 다양한 지역에서 온 전문가 7명이
5G 원격 홀로그램 투사를 통해 동시에 접속한 뒤 수업에 대한 평점을
매겼다. 이번 행사에 참여한 교사와 학생들은 5G 원격 홀로그램 투사
기술로 인해 시간 지연이 거의 없는, 마치 오프라인 교실에서와 같은
쌍방향 교류 경험을 할 수 있었고, 수업이 훨씬 더 재미있어졌다며 긍
정적으로 평가했다.

차이나모바일은 '5G+스마트교육' 플랜에 공식 착수했다. 차이나
모바일은 '5G 이중교사 쌍방향 교류 수업', '5G 홀로그램 투사 수업',
'5G+VR/AR 몰입형 수업', '5G 맞춤형 수업' 등 4종류의 앱을 개발했
으며, 이를 통해 실시간 쌍방향 교류, 몰입형 원격 수업 모델을 실현할

계획이다.

또 차이나모바일은 학교 관리, 빅데이터 관리 앱을 개발했으며 이를 통해 학교 관리 모델을 더 지능화, 디지털화하는 데 집중하고 있다.

차이나모바일의 교육 분야에서의 이런 행보는 향후 스마트교육 발전의 트렌드를 잘 보여주고 있다.

화웨이: 스마트교육 실현에 뛰어들다.

각 교육기관과 메이저 통신 3사가 5G를 기반으로 교육 관련 연구개발을 활발히 전개하는 가운데 화웨이 등 인터넷 하이테크 기업들 역시 이 대열에 뛰어들고 있다.

화웨이 클라우드 업무부의 타오즈창(陶志强) 사장은 5G와 인공지능(AI), IoT, 엣지 컴퓨팅(Edge Computing)의 융합이 미래의 교육에 무한한 가능성을 열어줄 것이라고 전망했다. 또 홀로그램 통신 기술은 공간의 제약을 뛰어넘게 해주고, 3D 매핑(mapping) 기술은 친구, 학생, 교사들이 바로 옆에 있는 것처럼 느끼게 만들어준다고 말했다. 그는 이 모든 것이 교육 분야에 새로운 혁명을 불러올 것이라고 덧붙였다.

2019년 3월 화웨이는 차이나모바일, 베이징 사범대학과의 협력을 통해서 베이징 사범대학 창핑(昌平) 캠퍼스에 최초의 5G 기지국을 세웠다.

화웨이는 5G, 인공지능(AI) 등 첨단기술을 교육 관련 활동 및 수업 관리에 적용하는 사업을 추진하고 있다. 이번 제휴에서 화웨이 등은 이중교사 교실, VR/AR 교실, 안전 순찰 앱 등의 개발을 가속화하기로 합의했으며, 베이징 사범대학 스마트캠퍼스도 함께 구축하기로 했다.

특히 '이중교사 교실'의 경우, HD 카메라를 사용해 강의하는 쪽의 음성과 동영상 등 데이터를 5G망을 통해 실시간으로 이중교사 교실 단말로 전송한다. 'VR/AR 교실'은 HD 카메라로 VR/AR 동영상을 수집한 뒤 5G망을 통해 이를 전송한다. '안전 순찰 앱'은 순찰 과정에 360도 회전 카메라를 이용해 실시간 동영상 데이터를 수집하고, 이를 학교 데이터베이스에 축적된 교사 및 학생 정보와 대조하며, 클라우드의 안면인식 분석을 이용해 해당 인물의 신원을 정확하게 식별한다.

ZTE: 스마트캠퍼스 구축

2019년 5월 중국 통신 기업 ZTE는 다롄(大連) 이공대학과 전략적 협력 파트너십을 맺었다. 양측은 5G 수업, 스마트캠퍼스 등의 분야에서 협력하기로 합의했다. 또 5G 기반의 랩(실험실) 구축, 과학연구 수업의 질 향상, 5G 기반의 스마트캠퍼스 앱 솔루션 개발 및 시범 실시, 5G 캠퍼스 앱 연구개발의 가속화, 5G 스마트캠퍼스의 공동 조성에 합의했다.

현재 다롄 이공대학의 캠퍼스는 이미 디지털캠퍼스를 넘어 스마트캠퍼스 구축 단계로 들어선 상태다. 앞으로 캠퍼스의 업무는 각종 첨단기술과 결합하고 완전히 새로운 IT 기술을 활용함으로써 더욱 다양한 수업 모델, 과학연구 협력 모델, 관리 모델 등을 지원하게 된다. 또 5G는 인공지능(AI), 클라우드 컴퓨팅, 빅데이터 등 첨단기술과의 융합 및 활용을 통해 스마트캠퍼스의 업무를 더욱 혁신할 전망이다.

네트워크는 스마트캠퍼스 조성을 위한 핵심 인프라이며 원활한 데이터 수집 및 전송을 위한 필수요소다. 5G 기술은 스마트캠퍼스의 통신체계를 관통하게 될 것이며, 데이터 감지 및 수집, 네트워크 전송, 캠퍼스 관리 등 다양한 영역에 적용될 것이다. 한마디로 스마트캠퍼스 구축의 핵심 동력이라고 할 수 있다.

ZTE는 다롄 이공대학과의 협력을 통해 과학연구 수업, 원격 동영상 쌍방향 교류, 캠퍼스 치안 등의 수준을 지속적으로 높이고, 스마트캠퍼스 조성 및 발전을 공동 추진할 계획이다.

스마트캠퍼스 시스템 솔루션에서 ZTE는 5G망을 제공할 계획이며 이는 교육 분야의 각종 모듈과 단말기에 광범위하게 활용될 예정이다.

아울러 ZTE는 전 세계 백여 개 대기업과 협력을 체결해 5G, VR/AR, 인공지능(AI), IoT 등 첨단기술을 교육 분야에 융합했다. 푸젠성과 랴오닝성 등에 소재한 여러 대학교와 다양한 협력을 체결했으며, 5G 기반의 캠퍼스 체험 이벤트 등을 실시했다.

바이두 VR: VR 교육 실현에 앞장서다

2019년 5월, 바이두 VR, 상하이텔레콤 등은 상하이시 위위안루(愚園路) 제1 초등학교와 파트너십을 체결했다. 이 협력의 목적은 바이두의

VR 교실, 클라우드 VR, 5G 인프라 등을 융합해 5G 환경의 VR 수업을 구현하는 것이었다.

5G 클라우드 VR을 현실화하려면 먼저 완벽한 5G 생태계가 구축되어야 한다. 구체적으로 통신업체, 통신설비 공급사, 콘텐츠 공급사, 클라우드 플랫폼 공급사, 사용자 등이 모두 확보되어야 한다. 이 협력에서는 교육 현장을 대상으로 5G를 수업 과정에 실제로 적용하는 것을 공동 추진하기로 한 것이다.

1. 콘텐츠

이 협력에서 콘텐츠 공급사로 참여한 바이두 VR 측은 커리큘럼 및 교재 내용과 긴밀히 결합될 수 있는 제품인 '바이두 VR 교실'을 제공하기로 했다. '바이두 VR 교실'은 자연과학, 예술창작, 천문우주 등 세종류의 콘텐츠를 지원한다. 바이두 VR 교실은 현실 세계의 시각 효과, 물리적 특성 등을 거의 똑같이 재현한다. 또한 이 과정을 통해 사실 같고, 생동감 넘치는 몰입형 VR 수업을 구현할 수 있기 때문에 교사와 학생 모두에게 우수한 수업 경험을 제공할 수 있다. 이 밖에 바이두 VR 교실의 빅데이터 분석 기술과 인간-로봇 스마트 부트 기능이 본격적으로 활용되면 '뉴 노멀 수업'이 실현될 것이다.

2. 플랫폼 구축

클라우드 VR 쌍방향 교류 기술을 제공하는 플랫폼인 베이징 사이버 클라우드(Cyber Cloud, 視博雲) 하이테크는 이 협력에서 VR 기술을 제공하기로 했다. 클라우드 VR은 고성능 연산 과정을 VR 설비에서 클라우드로 옮겨 수행한 뒤, 처리된 결과를 다시 VR 설비로 전송할 수 있다. 이렇게 하면 화질이 크게 개선되어 고객에게 우수한 경험을 제공한다. 클라우드 VR 기술을 활용하면 VR 설비는 더 이상 높은 수준의 데이터 처리 능력이 필요하지 않으므로 설비 구매 비용을 절감할 수 있다.

3. 단말기 설비

VR 특허 기술을 보유한 통신망 기업인 노키아벨은 이 협력에서 통신 설비를 제공하기로 했으며, 5G 환경에서 사용 가능한 VR 설비를 제공했다. 노키아벨의 엣지 클라우드 플랫폼은 각종 5G 관련 수요를 엣지 클라우드 플랫폼에서의 호환 서비스(compatible service)로 전환할 수 있다.

4. 초광대역, 초저지연 네트워크 구축

VR 콘텐츠 전송을 위해서는 대역과 시간 지연 등에서 높은 사양이 요구된다. 이에 따라 상하이텔레콤은 초광대역, 초저지연의 캐리어 네트워크(carrier network)를 공급하기로 했다. 또한 학교망의 경우, 상하이텔레콤은 스마트 네트워크 구축 기술을 이용해 기가비트급(級) 광섬유 학교망을 구축했으며, 이는 클라우드와 각종 스마트 설비 간의 원활한 데이터 전송을 가능하게 했다.

이러한 바이두 VR, 상하이텔레콤, 노키아벨 등의 다자간 협력을 통해 구축된 5G 환경의 '바이두 VR 교실'은 상하이시 위위안루 제1 초등학교의 교육 정보화를 가속화할 전망이다. VR 기술이 교육 분야에 도입되면 수업의 질을 향상시킬 수 있고, 이는 교사와 학생 모두에게 혜택을 준다.

'교육+VR'은 바이두 VR 측이 지속적으로 투자하고 연구한 분야다. 바이두 VR 교실이 제공하는 커리큘럼은 현재 상하이와 저장성 소재의 다수 초중고교에 채택되었다. 메타버스 시대가 도래함에 따라 '교육+VR/AR'은 점차 일반화되어 스마트교육의 발전을 이끌 것이다.

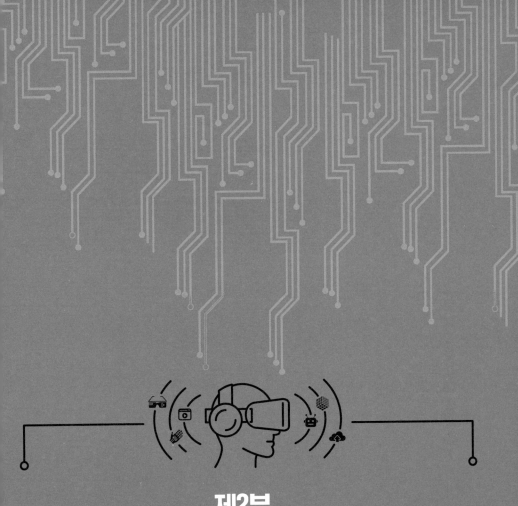

제2부

스마트교육은 수업과
학교 관리의 혁신을 이끈다

제3장

○

스마트교육이 가져올
수업의 혁신

인공지능(AI)이 교육 분야에 응용되면서 스마트교육이 빠르게 발전하고 있다. 스마트교육의 지능화는 교육과 연구, 수업, 평가, 관리 등 다양한 방면에서 이루어지고 있다. 특히 스마트교육의 기존 교육과의 가장 큰 차이점은 수업 방식을 변모시키고 새로운 수업 모델을 제시했다는 점이다.

스마트교육은 교육 및 학습의 새로운 모델을 탄생시켰다

인공지능(AI)에 VR/AR 기술이 융합되는 추세 속에서 교육의 미래는 어떤 모습일까? 인공지능(AI)에 기반을 둔 스마트교육은 기존의 수업을 어떻게 변모시킬까? 스마트교육을 통한 교육 체계 속에서 온라인교육과 오프라인교육의 경계는 허물어져 하나로 융합하고 몰입형 교육, 적응형 교육, 원격 쌍방향 교류 교육 등이 현실화될 것이다.

온·오프라인 교육은 하나가 된다

인터넷의 등장과 확산은 온라인교육을 탄생시키고 발전시켰다. 그 결과 인터넷의 발전에 힘입은 신둥팡(新東方), VIPKID 등 온라인 교육업체들이 유니콘 기업으로 급성장했다. 현재 온라인교육은 기술적 한계를 극복해나가고 있으며 쌍방향 상호교류를 통한 수업, 수업의 경험 만족도 제고 등 방면에서 점차 발전하고 있다.

LTE망의 경우 시간 지연, 안정성, 설비 접속 밀도, 대역폭 등 여러 면에서 한계가 존재한다. 반면 5G망의 경우 초고속, 초저지연, 초광대역 등의 강점을 바탕으로 LTE망의 여러 한계를 극복하고 있다. 인공지능(AI)은 LTE망에서도 작동할 수는 있지만 5G망에서 훨씬 더 원활하게 작동하며 교사와 학생 모두의 사용 경험을 최적화한다. 5G 시대가 본격적으로 개막하면서 기존의 수업 방식은 상호교류 모델로 재편되고 있다. 그 대표적인 변화는 다음과 같다.

1. 모바일 온라인수업의 쌍방향 교류 및 경험이 개선된다.

5G 기반에서 실시간 수업의 쌍방향 교류 경험이 크게 향상된다. 5G망을 통한 HD급 고화질 동영상의 초저지연 전송이 가능해지기 때문이다. 초저지연 전송의 최대 장점은 수업 시간에 실시간으로 쌍방향 상호교류를 할 수 있다는 점이다.

기존의 수업 체계에서 오프라인 수업의 학생 만족도가 높았던 원인은 교사와 학생이 실시간으로 얼굴을 마주하고 서로 피드백을 주고받을 수 있었기 때문이다. 반면 온라인 수업의 경우 시간 지연 때문에 실시간 쌍방향 교류와 피드백이 사실상 불가능했다. 또 기존 온라인 수업의 경우 일방적 수업 방식이어서 학생들이 피동적으로 지식을 주입받을 수밖에 없었다. 하지만 이제는 5G망의 지원하에 교사와 학생이 온라인상에서 실시간 쌍방향 교류가 가능해진다.

2. 오프라인 수업의 경험 만족도를 높인다.

5G망은 온라인 수업을 개선하고, 또한 오프라인 수업에서의 경험 방식을 바꾼다. 기존 오프라인 수업 체계에서도 이미 쌍방향 질문과 대답 등 온·오프라인 결합형 수업 방식이 등장했다. 하지만 현재의 기

술 수준에서 이런 방식의 수업을 진행하려면 교실에 망을 추가로 깔아 접속해야만 쌍방향 교류의 질을 보장할 수 있다. 또한 이러한 상황이더라도 쌍방향 교류가 완전히 원활하게 이루어지지 않아 학생들의 수업 경험 만족도 역시 높지 않다.

하지만 5G망의 초광대역을 이용하면 만물인터넷을 실현할 수 있어 각종 스마트 단말과 쌍방향 교류 수업 플랫폼이 서로 연결된다. 그 결과 오프라인 수업이 최적화되고 업그레이드되어 학생들의 수업 경험을 개선한다.

3. 기존 교육 체계에서 온·오프라인 교육 사이의 장벽을 허문다.

미래의 교육은 형태에 있어서도 큰 변화가 예상된다. 오프라인교육은 교육 IoT를 기반으로 온·오프라인이 서로 연결되며, 온라인교육과 오프라인교육의 경계는 점차 모호해진다. 온라인교육의 문제점 중 하나가 바로 수업을 끝까지 듣는 비율이 높지 않다는 것이다. 학생들이 모니터 앞에 장시간 앉아 있기 어렵기 때문이다. 하지만 앞으로는 웨어러블 스마트 교육 장비 덕분에 학생들은 시간과 공간의 제약을 전혀 받지 않으며, 더 즐겁고 편하게 학습할 수 있게 된다.

5G는 온라인교육과 오프라인교육 사이의 장벽을 허물 것이다. 그 결과 이 둘은 하나로 융합되고 수업 방식도 더 지능화하며, 스마트교육은 더욱 발전하고 광범위하게 확산될 것이다. 이런 교육을 현실화하는 기술이 바로 5G 기반의 인공지능(AI)이다.

개개인에게 맞는 학습 콘텐츠를 제공한다

5G는 데이터 전송 속도를 더 빠르게 해주고, 인공지능(AI)은 교육 현장에서의 효율성 문제를 해결할 수 있으므로 이 둘을 융합하면 스마트교육을 효과적으로 실시할 수 있고, 이에 따라 적응형 수업도 현실화될 수 있다.

5G와 인공지능(AI)이 교육 분야에 활용되면 교육기관들은 더 이상 데이터 전송량, 연산 용량 등의 문제로 고민할 필요가 없으며 모든 데이터는 순식간에 클라우드로 전송되어 연산이 진행되므로 제품의 시스템은 전면 개편될 것이다.

예를 들어 신둥팡 그룹은 인공지능(AI) 기반의 '수업 · 관리 · 평가 · 측정 · 시험 · 연습' 시스템을 개발했는데, 이 시스템은 1,000여 개 오프라인 학교의 수업 상황, 교사와 학생들의 행위, 학생의 학습 현황 등 관련 데이터를 실시간 기록하고 이를 클라우드에 전송해 관리자가 수시로 조회할 수 있도록 했다.

적응형 수업이 발전하려면 빅데이터, 클라우드 컴퓨팅, 5G망의 공동 지원이 필요하다. 적응형 수업이란 첨단기술을 이용해 각 학생들의 학습 현황을 파악한 뒤 평가 테스트를 실시해 지속적으로 학습 내용을 조정해나가는 방식의 수업을 말한다.

현재 적응형 수업은 주로 일대일 수업에서 이루어지고 있다. 적응형 수업을 하려면 먼저 각 학생의 학습 행위를 총체적으로 파악하는 것이 선행되어야 한다. 그런데 문제는 학생의 각종 행위는 분산되어 있어서 이를 완벽하게 수집하고 기록하기 어렵다는 점이다. 5G망을 이용하면 학생의 행위 관련 데이터의 감지 및 수집 비용을 줄일 수 있다.

5G 기반의 인공지능(AI) 시스템에서 행위를 감지하고 처리하는 모든 과정은 실시간으로 이루어지며, 이는 기존의 교육 시스템에 커다란 변혁을 가져올 것이다. 앞으로 모든 학생은 작은 스마트설비 하나만 갖고 있으면 적응형 학습을 할 수 있다. 학생이 갖고 있는 수많은 '인공지능(AI) 도우미'와 '인공지능(AI) 교사'는 학생의 모든 학습 관련 상황을 기록하고, 이를 토대로 학습 내용을 실시간 조정함으로써 적응형 수업을 제공할 수 있다.

스마트교육이 더욱 발전하면 앞으로는 온라인 대규모 수업에서도 적응형 수업을 할 수 있다.

현재 온라인 대규모 수업의 큰 문제점 중 하나는 교사가 수많은 학생을 대상으로 실시간 수업을 진행하다 보니 학생들은 교사를 볼 수 있지만 교사는 모든 학생을 일일이 살필 수 없다는 점이다. 하지만 스마트교육 시스템에서는 인공지능(AI)이 학생들이 수업에 참여할 때의 표정 변화를 모두 포착하고 이러한 데이터를 분석한 뒤 그 결과를 교사에게 알려줄 수 있다. 그러면 교사는 해당 수업 내용에 대한 학생들의 이해도를 종합적으로 파악할 수 있고, 이에 따라 수업 내용을 맞춤식으로 조정할 수 있다. 교사의 수업이 학생들의 학습 니즈를 정확하게 충족시킬 수 있게 된 것이다.

VR/AR 수업이 보편화된다

5G는 인공지능(AI)과 VR/AR 기술의 융합을 촉진하면서 기존과는 전혀 다른 수업 풍경을 만들어낼 것이다. 그 결과 학생들의 학습 의욕이 고취되고 학습 효과도 훨씬 배가된다. 인공지능(AI)과 VR/AR 기술의 융합은 교사와 학생 모두에게 쌍방향 교류와 이에 따른 몰입형 경험을 가능하게 한다. 그 구체적인 내용은 다음과 같다.

1. VR/AR+교실 수업

VR/AR 기술은 추상적인 지식을 이미지화하여 학생들에게 마치 그 현장에 있는 것 같은 몰입형 학습 경험을 제공한다. 그 결과 지식 습득 욕구와 적극성이 크게 향상된다.

VR/AR 기술은 교과 과목에 따라 다양한 효과를 낼 수 있으며 주로 3D 물체의 전시, 가상공간의 조성, 사이버 상황 조성 등에 활용된다.

2. VR/AR+과학 실험

지금까지 학교에서는 현실적 한계 때문에 실험을 할 수 없는 경우가 많다. 예를 들어 핵반응 실험 등이다. 또 어떤 실험은 너무 위험해서 학생들에게 허용되지 않는 경우도 있는데 가령 방사성물질 실험이 여기에 해당한다. 반면 VR/AR 기술을 이용하면 이렇게 현실에서는 불가능한 실험을 가상현실 속에서 시뮬레이션해 볼 수 있다.

또 실험 기자재가 너무 비싸서 보급하기 어렵기 때문에 학생들의 실험에 적합하지 않은 경우도 많다. 그런데 VR/AR 기술을 이용해 가상실험실을 만들면 여기에서 가상실험 기자재를 이용해 실험을 할 수 있고, 가상현실 속에서 그 실험 결과를 파악할 수 있다.

가상현실 속에서의 실험은 기자재가 소모되어 없어지지도 않고, 외부 조건의 제약도 받지 않으며, 몇 번이고 반복해서 실행할 수도 있다. 무엇보다 안전성이 보장되기 때문에 실험이 실패하더라도 학생들의 안전에는 아무런 문제가 없다.

이밖에 VR/AR 기술과 융합된 인공지능(AI) 시스템은 실험 데이터를 정밀 분석할 수 있기 때문에 학생들의 실험 데이터 기록과 결과 계산을 도와준다.

이러한 VR/AR 기술을 이용한 수업을 교실에 도입한다면 그 장점은 구체적으로 다음과 같다.

1. 수업 시간에 학생들의 집중력 분산을 막는다.

기존의 교실 수업에서는 학생들의 집중력 저하가 흔히 보이는 문제 중 하나다. 창밖에서 들리는 소음이나 큰 소리 등 주의력을 분산시키는 요인이 다양하다. 또 수업 시간에 핸드폰을 보거나 졸거나 딴짓을 하는 학생도 적지 않다. 만약 VR/AR 기술을 수업에 도입한다면 이런 문제를 손쉽게 해결할 수 있다. VR/AR은 현실 같은 학습 환경을 조성해 학생들의 주의력을 끌고, 아울러 주변 환경의 영향을 효과적으로 감소시키는 역할도 한다.

그림 3-1 가상현실 기술을 수업에 적용했을 때의 장점

2. 언어의 장벽을 뛰어넘는다.

점점 더 복잡하고 다원화되어가는 현대 사회에서 언어의 장벽은 학습에 많은 불편을 초래한다. 예를 들어 외국인 교사와 대화하려면 먼저 그들의 언어를 배워야 한다. 이때 VR/AR 설비의 언어 자동통역 기능을 활용하면 소통하는 데 전혀 문제가 없다. 홀로그램 투사 기술과 VR/AR 기술을 융합한다면 각국의 교사들을 교실로 '초빙'할 수도 있으므로 흥미를 유발하고 학습 욕구를 높일 수 있다.

3. 학생들의 심도 있는 교류를 촉진한다.

학생들은 다른 학생과의 교류를 통해 지식에 대한 이해를 심화할 수 있고 해당 지식을 완전히 자기 것으로 소화할 수 있게 된다. VR/AR 기술을 통해 학습 방식이 상이한 학생들끼리 서로 교류할 수 있으며, 이 과정에서 서로의 다양한 견해를 공유할 수 있다. 이는 다양한 관점을 접하고 좀 더 깊이 있는 공부를 하는 데 큰 도움을 준다.

4. 원격 학습이 가능해진다.

VR/AR 설비가 있으면 언제 어디서나 학습할 수 있으며, 자기 집 역시 교실이 될 수 있다. 또 VR/AR 장비를 착용하기만 하면 선생님, 반 친구들과 가상공간에서 교류할 수 있다. 이처럼 원격 학습이 현실화되는 것이다. 또한 VR/AR 설비를 이용하면 집에서도 마치 학교 교실에 있는 것과 같은 경험을 할 수 있다.

메타버스 시대가 열리며 앞으로 몇 년 후에는 VR/AR 기술이 교육 분야에서 더욱 광범위하게 활용될 전망이다. 인공지능(AI)과 VR/AR 기술의 융합은 기존 교육 시스템을 완전히 바꾸어놓고 가상현실 속에서 다양한 수업이 이루어질 것이다. 또한 기존에는 현실에서 불가능했던 교육 또는 훈련을 가상현실 공간에서 실현할 수 있다. 학생들의 학습과 교사들의 수업 모두 시간과 공간의 제약을 완전히 뛰어넘으며, 가상현실 속에서 학생과 교사 모두 지금보다 더욱 즐겁고 우수한 경험을 하게 될 것이다.

의료 교육의 모습을 바꾼다

스마트교육 시대를 맞이해 5G와 인공지능(AI)이 융합되면 물리학, 화학, 역사, 의학 등 다양한 분야의 교육 방식을 크게 바꿔놓을 것이다. 특히 스마트교육은 병원 내 의사들의 교육 방식에도 혁신을 몰고 올 전망이다.

의사들에게는 지속적인 새로운 의학지식 습득과 의학기술 연마가 필수적이다. 의사들은 선진 기술을 배우고 싶을 때 각종 학술회의에 참가하거나 상급 병원에 가서 일정 기간 수련을 했다. IT 기술의 발전으로 오늘날의 의사들은 다른 의사의 수술 장면을 실시간 영상으로 지켜보거나 그 과정을 통해 의술을 배울 수 있게 되었다. 미래에는 실시간 영상의 안정성이 더욱 높아지고 쌍방향 교류 역시 더욱 활발하게 이루어질 것이다.

의사들이 수술 장면을 참관해야 하는 이유는 무엇일까? 수술에는 불확실성이 매우 많다. 의사들은 수술을 참관하는 자리에서 수술 절차는 물론 수술 중 발생 가능한 문제점에도 주목하고 다른 의사들이 이를 어떻게 해결하는지도 유심히 볼 필요가 있다. 선배 의사들이 이런 긴급사태를 해결하는 과정을 실시간 영상으로 지켜보면서 많은 노하우를 배울 수 있는 것이다.

과거에도 수술 장면을 영상으로 볼 수는 있었지만 전송에 시간이 너무 오래 걸리는 문제가 있어 상대적으로 간단한 수술만 영상을 통한 지도가 가능했다. 반면 5G는 시간 지연을 0.01초 이내로 제어할 수 있기 때문에 정교한 대형 수술 역시 영상을 통한 참관 수업이 가능해졌다.

수술대 위는 마치 전쟁터 같아서 한순간의 방심도 결코 허용되지 않는다. 따라서 의사들에 대한 지도, 특히 일선 현장에서 실제 수술 집도를 하는 의사들에 대한 지도는 필수적이다. 스마트교육 시대를 맞이하여 일선 현장의 의사들은 5G망을 통해 원거리에 있는 의학 전문가에게 자문을 얻을 수 있게 되었다. 즉 현장의 의사가 실제 수술을 집도할 때, 의학 전문가들은 5G망을 통해 수술 장면을 지켜보면서 실시간으로 지도를 할 수 있다. 이런 시스템은 일선 현장 의사들의 수술 실력을 크게 높여준다.

스마트교육 시대에는 이처럼 기존의 '도제식' 의사 교육 방식을 철저히 뒤바꾼다. 5G망은 현장의 의사들에게 지식과 노하우를 배우는 채널을 다원화하고 그 과정에서 많은 편리함을 제공한다. 이러한 새로운 배움의 환경에서 현장의 의사들은 시야가 훨씬 더 넓어지고 더 많은 새로운 의술을 배울 수 있게 된다.

스마트교육은 의사들에게 기존보다 훨씬 더 훌륭한 학습 경험을 제공할 것이다.

교육기관들은 교육 방식의 변혁을 주도한다

인공지능(AI)이 지속적으로 발전하면서 교육기관들은 시대의 흐름에 발맞춰 새로운 교육 모델을 잇달아 발표하고 있다. 중국의 경우 탈 에듀(Tal Education)가 출시한 '쑹스커탕(이중교사 교실)' 앱은 학생들의 집중력과 학습효과를 크게 높였다. 칭화 대학교와 베이징 대학교 학생들이 주축이 되어 만든 '쉐바커탕(學吧課堂)'은 게임을 콘셉트로 한 적응형 교육 앱으로 학생들의 학습욕구를 높여준다. 온라인교육 플랫폼인 모리쉐위안(魔力學院)이 서비스하는 스마트 수업시스템은 '인간-기계의 쌍방향 교류', '지식능력 게이지', '사유 라벨' 등 다양한 기능을 제공해 수업방식의 새바람을 불러일으켰다. 바이두 에듀가 출시한 '바이두 에듀 브레인'의 업그레이드 버전은 더 많은 사용자에게 더 지능화된 교육서비스를 제공하는 데 주력하고 있다.

탈 에듀의 쑹스커탕: 교사의 역할을 세분화해 학습효과를 높이다

기존의 수업 방식은 대개 다음과 같은 모습이다. 선생님 한 명이 칠판 앞에 서서 계속 말하고 수업을 듣는 학생들은 듣는 둥 마는 둥 금방이라도 졸음이 쏟아질 것 같다.

그런데 어느 날 교실에 교사 두 명이 등장한다면 어떨까? 한 명은 온라인으로 수업을 하고, 또 한 명은 교실에서 학생들의 질문에 대답해주는 방식이다. 이런 수업방식을 도입한다면 학생들의 학습효과가 올라가지 않을까? 공부에 더 흥미를 갖게 되지 않을까?

중국에서는 이렇게 두 명의 교사가 수업을 진행하는 방식을 '쌍스커탕(이중교사 교실)'이라고 하는데, 이는 원래 직업교육 분야에서 쓰이던 방식으로 최근에는 교육 분야로 확대되었고, 점점 더 많은 교육기관에서 도입하고 있는 추세다. 예를 들어 신둥팡(新東方)은 '쌍스둥팡(雙師東方)'이라는 이중교사 수업 모델을 발표했고, 대형 교육업체인 가오스 에듀(高思教育) 역시 백여 개의 교육기관과 협력해 이중교사 수업을 실시하고 있다. 온라인교육 분야의 거대 기업인 탈 에듀 역시 독자적인 이중교사 수업 모델을 개발했다.

탈 에듀는 '쌍스커탕' 개발 과정에서 수업의 질 보장과 학생들의 학습 효율 제고를 위해 시범 실시 과정을 거쳤다. 특히 보조교사와 교사, 학생 간의 상호 협력을 통한 효과적인 쌍방향 교류의 실현 방안을 모색하는 데 중점을 두었다.

탈 에듀의 '쌍스커탕' 모델은 다음 두 가지로 구분된다. 하나는 쌍스커탕만 실시하는 방식이고, 다른 하나는 오프라인 교실과 쌍스커탕을 병행하는 방식이다. 앞으로 탈 에듀의 쌍스커탕은 두 가지 모델의 혼합 방식 위주로 운영될 예정이다. 탈 에듀의 쌍스커탕의 장점은 다음 세 가지다.

그림 3-2 탈 에듀 쌍스커탕의 3대 장점

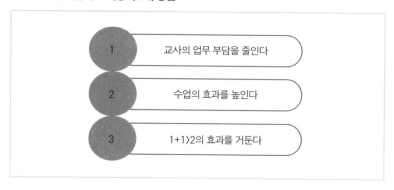

1. 교사의 업무 부담을 줄인다.

쌍스커탕은 교사들의 직능을 세분화해 학생들에게 더 많은 관심을 쏟을 수 있게 해준다.

쌍스커탕은 두 명의 교사가 한 반을 책임지는 방식이므로 교사들의 업무는 세분화된다. 즉 수업을 담당하는 교사는 수업에만 집중할 수 있고, 교실의 규율이나 면학 분위기를 조성하는 일은 보조교사에게 맡길 수 있다. 이처럼 수업을 맡은 교사는 각종 잡다한 업무에서 벗어나 수업에만 집중할 수 있으므로 수업의 질은 자연스럽게 올라간다.

2. 수업의 효과를 높인다.

쌍스커탕은 클라우드 서비스와 전문 동영상 단말 등을 이용하기 때문에 스타 강사들의 수업을 공유할 수 있다. 또 수업 담당 교사는 각종 쌍방향 교류 설비를 이용해 교실의 수업 진도를 관리할 수 있고, 이를 통해 즉시 수업 속도 등을 조절할 수 있다.

3. 1+1>2의 효과를 거둔다.

쌍스커탕은 1+1>2의 효과를 낼 수 있다. 온라인에서는 스타 강사가 수업을 하고 오프라인에서는 보조교사가 학생들에게 맞춤형 지도를 하는 방식이므로 이는 기존 오프라인 수업의 장점을 최대화하는 효과가 있다. 학생들의 학습 습관을 존중하면서 각종 첨단 장비를 동원해 수업을 진행하기 때문에 학생들의 공부 의욕과 흥미를 불러일으키고 나아가 학습 효과도 높일 수 있다.

탈 에듀가 출시한 쌍스커탕은 기존 수업 모델을 혁신하려는 시도였다. 현재 탈 에듀는 '미래의 마법 학교'라는 이름의 프로젝트를 론칭해 쌍스커탕의 확산을 꾀하고 있다. 여기에는 안면인식 등 인공지능(AI) 기술이 적용되어 있다.

쉐바커탕: 게임을 콘셉트로 한 적응형 학습

쉐바커탕은 초중고 교육에 특화한 교육기관이다. 인공지능(AI)이 급속도로 발전하고 있는 가운데 신기술 도입을 통한 신개념 수업 모델을 개발하고 이를 통해 학생들의 공부 욕구를 높이기 위해 쉐바커탕 측은 게임 콘셉트를 적용한 적응형 학습 제품 개발에 주력했다.

게임을 콘셉트로 한 수업은 다음 두 가지 장점이 있다.

첫째, 학생들의 성취감을 불러일으킨다. 이 제품의 경우, 레벨이 달라도 적응형 문제를 풀며 훈련하면 그 레벨의 점수를 받도록 설계되어 있다.

둘째, 학생의 학습 상황을 바로바로 파악할 수 있다. 기존 오프라인 수업에서는 시험을 보고 결과를 알 때까지 오랜 시간이 걸렸다. 또 학생들은 성적이 나쁘면 큰 충격을 받곤 했다.

이런 점에 착안해 쉐바커탕은 게임화된 문제은행을 수업에 도입했다. 가령 '미션 완수하기' 방식의 문제에 도전해 성공하면 상금을 받을 수 있다. 다른 온라인게임에서 괴물을 처치하면 등급이 올라가는 방식과 유사하다. 또한 문제은행에는 인공지능(AI) 시스템이 적용되어 있어서 학생들의 과거 문제 풀이 정답률에 근거해 현재 수준에 맞는 문제를 제시할 수 있다. 또 난이도를 점진적으로 높일 수도 있기 때문에 적응형 수업의 효과를 거둘 수 있다.

적응형 수업의 첫 번째 장점은 서로 다른 학생의 다양한 학습 니즈를 충족시킬 수 있다는 점이다. 기존 교육시장에도 문제은행류의 제품이 셀 수 없을 정도로 많이 출시되어 있지만 대개는 학생들의 니즈를 차별화해서 충족시켜주지 못한다. 학생들의 니즈는 천차만별이기 때문이다. 기존의 문제은행들이 제공하는 문제는 타깃성이 부족하고, 실력이 제각각인 학생들에게 일대일 맞춤형 서비스를 제공할 수 없다. 반면 쉐바커탕의 적응형 문제은행은 실력이 제각각인 학생들의 개인화 니즈를 충족시켜줄 수 있다.

적응형 수업의 두 번째 장점은 이 수업을 통해 학생이 본인의 현재 지식 수준을 정확히 파악할 수 있다는 점이다. 학생이 적응형 문제은행을 통해 문제를 풀면 이 과정에서 학습 관련 데이터가 남는다. 그러면 인공지능(AI) 시스템이 그 학생의 과거 데이터를 분석해 문제의 범위와 난이도를 그 즉시 조정할 수 있으므로 학생에게 최적화된 맞춤형 문제를 제시할 수 있는 것이다. 학생은 공부를 하면서 자신의 능력의 한계에 있는 문제를 접하고 도전할 수 있게 된다.

또한 쉐바커탕이 연구개발한 적응형 문제은행은 지식그래프에 기반을 두고 있다. 지식그래프는 지식 상호 간의 연결을 강화하기 때문에 다양한 난이도의 문제를 손쉽게 얼마든지 생성해낼 수 있다.

인공지능(AI)의 정밀한 알고리즘은 수업에서 '가르치는' 부분의 문제를 해결할 수는 있지만, 학생들의 '배움'의 질은 보장하기 어렵다. 그래서 쉐바커탕은 배움의 질과 효율을 보장하기 위해 더욱 지능화된 '스마트교사' 개발을 추진하고 있다. 여기에 더해 빅데이터와 인공지능(AI) 분석을 이용하면 실력이 제각각인 학생들에게 맞춤형 학습 솔루션을 제공할 수 있고, 결과적으로 학생들의 공부의 질과 효율성을 보장할 수 있게 된다. 이로써 진정한 개인화 교육이 실현되는 것이다.

모리쉐위안의 스마트 수업시스템: 인간-기계 쌍방향 교류 수업 모델

인공지능(AI)을 활용해 수업모델에 혁신을 일으키는 것은 교육계의 핫이슈 중 하나다. 5G, 빅데이터, 딥러닝 등 첨단기술의 도움 덕분에 '인공지능(AI)+교육'이 실현되고 빠르게 성장할 수 있었다. 모리쉐위안의 스마트 수업시스템은 각종 첨단기술을 이용해 기존 수업모델에 새로운 변화를 불러일으켰다.

기존 입시 중심의 교육 체계에서는 우수한 교육자원을 두고 벌어지는 쟁탈전이 끊임없이 이어졌다. 그러나 우수한 교육자원은 희소하기에 모든 학생이 유명 강사의 지도를 받을 수는 없었다. 인공지능(AI)이 교육 업계에 일으킨 변혁 가운데 하나는 바로 지역적 한계를 허물어 우수한 교육자원의 공유를 실현했다는 점이다.

시대의 변화에 발맞춰 모리쉐위안은 인공지능(AI)에 기반한 스마트 수업시스템을 개발했다. 스마트 수업시스템 덕분에 모리쉐위안은 학생들에게 참신한 학습 경험을 제공할 수 있었다. 그 구체적인 내용은 다음과 같다.

1. 인간-기계 쌍방향 교류의 수업

모리쉐위안이 제공하는 동영상 수업은 '인간-기계 쌍방향 교류'를 지원하며 학생들은 화면에 내용을 기록하거나 필기를 할 수 있다. 또한 학습을 하면서 평가 시간을 자유롭게 선택할 수 있어서 자신의 실력

그림 3-3 모리쉐위안의 수업이 가진 장점

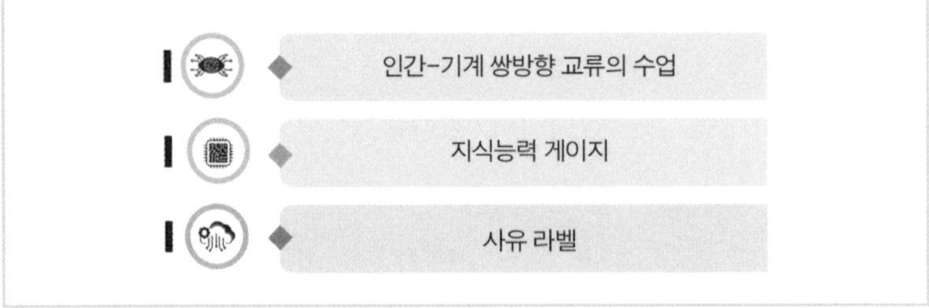

	인간-기계 쌍방향 교류의 수업
	지식능력 게이지
	사유 라벨

을 실시간 파악할 수 있다. 아울러 이 시스템은 학습 과정에서 학생의 학습 관련 데이터를 수집한 뒤 이를 토대로 수업 내용을 즉시 조정할 수 있다.

이밖에 인간-기계 쌍방향 교류의 수업 모델은 한 시수(時數)의 수업을 여러 개의 수업으로 분할할 수 있다. 가령 한 과정이 다 끝나면 스마트 수업시스템은 이 학생이 해당 수업의 내용을 어느 정도 이해했는지 명확히 파악할 수 있다. 또 다양한 난이도로 설계된 문제를 학생에게 풀게 하여 현재의 수준을 판단한 다음 후속 커리큘럼을 추천할 수 있다.

2. 지식능력 게이지

스마트 수업시스템은 수집된 학습 관련 데이터를 이용해 각 과목의 지식능력 게이지를 생성한다. 학생은 이것을 보고 자신의 실력이 어느 정도인지 한눈에 파악할 수 있다.

3. 사유 라벨

스마트 수업시스템의 사유 라벨이란 어떤 문제를 사유 레벨에 따라 여러 단계로 세분화한 뒤, 이 문제를 풀기 위해서는 어떤 방식을 적용해서 어떻게 생각해야 하는지 학생을 이끌어주는 방식을 가리킨다. 이 과정에서 스마트 수업시스템은 학생의 학습 관련 데이터를 수집한 뒤 피드백하고, 해당 지식을 어느 정도 이해했는지 종합적으로 파악한 뒤 학생의 능력과 수준에 맞는 최적화된 학습 콘텐츠를 보내준다.

다른 인터넷 교육 분야의 제품과 달리 모리쉐위안은 처음부터 인공지능(AI)을 활용한 수업에 중점을 두었다. 즉 직접 교육로봇을 이용해 교사 대신 강의를 하게 하고, 이어서 스마트 수업시스템을 구축하는 방식이었다. 상당수 업계 관계자들은 이런 방식을 별로 선호하지 않는다. 하지만 모리쉐위안은 지속적인 영업수익 흑자를 기록하며 이 방식이 옳았음을 입증했다. 오늘날 교육로봇을 이용한 수업 분야에서 모리쉐위안은 크게 앞서나가고 있으며, 수업, 문제 풀이, 평가 테스트 등 다양한 영역의 온라인교육 플랫폼을 제공하는 업체로 발전했다.

현재 모리쉐위안의 스마트 수업은 GMAT(경영대학원 입학시험), GRE(미국 대학원 입학시험), 대학원 입시 영어의 교육로봇에 적용되고 있다. 이를 이용해 단기간 내에 외국 유학 또는 대학원 진학의 꿈을 이룬 학생이 수천 명에 달한다.

이처럼 인공지능(AI)은 교육자원의 희소성 문제를 해결하고 있다. 앞으로 인공지능(AI)이 더욱 발전하고 인프라 구축이 확대되면 교육로봇이 더 많은 곳에 활용되어 더 많은 학생에게 공평한 교육을 제공하게 될 것이다.

바이두 에듀 브레인: 우수한 교육자원 공유 플랫폼

오늘날 교육의 스마트화는 거스를 수 없는 대세가 되었다.

중국 최고의 인터넷기업 바이두의 리옌훙(李彦宏) 회장 겸 CEO는 다음과 같은 말로 바이두 기업을 재정의했다.

"이제 바이두는 더 이상 평범한 인터넷기업이 아닌 인공지능(AI) 기업입니다. 기업 전체는 인공지능(AI) 사업을 최우선시할 것이며, 인공지능(AI) 마인드를 가지고 모든 일에서 혁신을 이뤄나갈 것입니다. 이제 바이두의 핵심 역량은 바로 인공지능(AI)입니다."

바이두의 회장 겸 COO(최고업무책임자)를 역임했던 루치(陸奇) 역시 이렇게 말했다.

"우리는 지금 인공지능(AI) 시대에 들어서고 있습니다. 인공지능(AI)의 핵심기술은 데이터를 통해 세계를 관찰하고 데이터를 통해 지식을 뽑아내는 것입니다. 이런 기술은 기존의 모든 업계의 수준을 크게 끌어올릴 수 있습니다."

2018년 11월 바이두 에듀 사업부가 개최한 발표회에서는 '바이두 에듀 브레인 3.0'이 발표되었다. '바이두 에듀 브레인'은 '바이두 브레인'을 기반으로 인공지능(AI), 빅데이터 등 첨단기술을 융합했고, 다양한 교육 환경에 활용할 수 있으며, 사용자에게 스마트 교육 서비스를 제공한다.

'바이두 에듀 브레인 1.0'은 콘텐츠의 디지털화를, '바이두 에듀 브레인 2.0'은 콘텐츠의 구조화를 각각 실현했다. 또 '바이두 에듀 브레인 3.0'은 사용자에 대한 연구 및 분석, 첨단 인공지능(AI) 기술을 융합해 사용자 페르소나(persona) 식별 등을 통해 사용자에게 맞춤형 서비스를 제공한다. 또한 '바이두 에듀 브레인 3.0'은 제3자에게 개방해 협력파트너가 스마트 교육 제품을 제작하는 것을 지원하기도 한다.

발표회에서는 다양한 데이터도 함께 공개되었다. '바이두 에듀 3.0' 에는 2억여 개의 파일, 20여만 부의 정품 도서, 5만여 권의 오디오북, 800여만 개의 고품질 음성파일, 중국 교육부의 '새 기준' 교과서와 관련된 방대한 학습 참고자료 등이 포함되었다. 또 발표회 당일 바이두 에듀 플랫폼의 MAU(월간 활성화 이용자 수)는 7억 명을 돌파했으며, 교육 플랫폼의 가입 회원 수는 1,000만 명이라고 밝혔다.

바이두 에듀 브레인이 오픈한 '인공지능(AI) 교육 실험실'은 기존의 수업 방식을 획기적으로 바꾸었고, 그로 인해 수업 분위기도 훨씬 활기를 띠게 되었다.

1. 바이두 에듀 브레인의 인공지능(AI) 교육 실험실.

2018년 9월 바이두 에듀 브레인은 베이징 사범대학, 바이양뎬 고급 중고등학교(白洋澱高級中學)와 협력해 '슝안신구(雄安新區) 인공지능(AI) 교육 실험실'을 구축했다. 이 실험실은 인공지능(AI), 빅데이터, IoT 등 첨단기술을 기반으로 인공지능(AI) 교육, STEAM 교육(과학(Science), 기술(Technology), 공학(Engineering), 예술(Arts), 수학(Mathematics)의 앞 글자를 딴 말로, 이 분야들을 융합한 종합 교육을 가리킨다), 교사들을 대상으로 한 신기술 연수 등의 서비스를 제공한다.

2. 바이두 에듀 브레인으로 모든 곳이 교실이 된다.

기존의 교육방식은 교육자원의 불균형 문제를 해결할 수 없었다. 기술은 이러한 문제를 해결해나가고 있다. 바이두 에듀 브레인은 인공지능(AI)을 이용해 교육자원 공유 플랫폼을 만들었고, 그 결과 학생들은 지역, 나이 등에 관계없이 누구든 편리하게 우수한 교육자원을 접할 수 있게 되었다.

또 바이두 에듀 브레인은 초고속, 초광대역 네트워크를 이용해 지식 욕구가 있는 곳이라면 어디든 교실로 탈바꿈되도록 하여 학생들은 PC나 모바일 기기만 있으면 언제든지 공부할 수 있게 되었다. 또 기존에는 학교 등 교육시설에만 교실이 있었지만 이제는 어느 곳이든 교실이 될 수 있으며, 교실의 분위기도 새로운 활력이 넘치게 되었다.

제4장

○

스마트학교는 어떤 모습일까

인공지능(AI)을 기반으로 한 스마트교육은 이미 교육 환경을 변화시키기 시작했다. 앞으로 기존의 학교는 스마트학교로 발전하고, 스마트 센서를 장착한 각종 첨단 장비가 도처에 존재할 것이며, 스마트 기술은 혁신을 거듭해나갈 것이다.

교사와 학생은 모두 눈에 보이지 않는 데이터 공간에 융합될 것이다. 학생이 등교하면 즉시 출석체크가 자동으로 이루어지고, 하교하면 즉시 부모에게 통보된다. 스마트 교육시스템은 단순히 학생들의 학습만 지원하는 것이 아니라 학생들의 학교생활 전반을 지원한다.

스마트학교: 교실 관리와 학교 관리를 혁신한다

인공지능(AI)과 5G망이 서로 융합하면 스마트학교를 만들 수 있다. 학생들이 수업을 받는 과정은 시각화하여 관리할 수 있고, '클라우드 교실+VR/AR 교실'은 학생들의 지식과 소양을 길러주며, '전자 학급 상황판 + 스마트 모니터링'은 학교 관리의 안전성을 높여주고, '통합카드 + 스마트 손목밴드'는 학교생활을 편리하고 민첩하게 만든다. 이처럼 스마트교육은 학교 관리와 학생들의 학교생활에 편의를 제공한다.

5G+인공지능(AI) : 데이터를 통한 시각화 관리

스마트 수업시스템은 5G, 빅데이터, 인공지능(AI) 등 첨단기술을 이용해 교실 및 학생들의 학업 관련 데이터를 분석한 뒤 이를 시각화하여 관리할 수 있다. 그 구체적인 내용은 다음과 같다.

1. 교실에서의 감정 인식 및 분석

스마트 수업시스템은 인공지능(AI)을 통해 학생들이 교실에서 수업을 받을 때의 동영상 데이터를 토대로 감정의 비율과 그 감정의 변화 양

그림 4-1 데이터를 통한 시각화 관리

1. 교실에서의 감정 인식 및 분석
2. 교실에서의 쌍방향 교류 인식 및 분석
3. 교실 출석 체크
4. 학업 진단
5. 다각적인 수업 보고서
6. 지능화된 최적의 과목 배정

상을 분석한 뒤, 과학적인 통계와 분석 데이터를 도출할 수 있다. 교사는 이렇게 도출된 데이터를 통해 자신이 지금 하고 있는 수업 내용이 학생들의 흥미를 끄는지, 학생들은 열심히 공부하고 있는지의 여부를 파악할 수 있으며, 이에 따라 수업 진도와 수업 방식 등을 바로 조정할 수 있다. 그 결과 수업의 효율이 높아진다.

2. 교실에서의 쌍방향 교류 인식 및 분석

스마트 수업시스템은 언어인식 기술을 이용해 교사가 수업할 때 교사와 학생 간 쌍방향 교류 관련 데이터를 수집하고, 또 학생이 발언할 때와 교사가 수업하는 내용 등도 기록한다. 이어서 이렇게 기록된 데이터를 분석한 뒤 쌍방향 교류에 있어서의 핵심 키워드를 추출하고 여기에 특별한 마킹을 한다. 그러면 교실 분위기를 밝게 만드는 긍정적인 어휘가 무엇인지 추출할 수 있다. 교사는 이 핵심 키워드를 수업 시간에 학생들과의 교류가 더 활발해질 수 있도록 하는 데 활용할 수 있고, 그 결과 학생들의 학습 효율이 높아진다.

3. 교실 출석 체크

스마트 수업시스템은 안면인식 등의 기술을 이용해 학생들의 출결 상황을 자동적으로 기록할 수 있다. 기존 수업에서는 교사가 학생을 일일이 호명해서 출석 체크를 했다. 하지만 대학의 교양수업처럼 인원이 너무 많은 경우 수강생을 호명하는 데는 많은 시간이 소요된다. 심지어 대리출석을 적발해내기도 어렵다. 이와 달리 스마트 수업시스템은 학생들의 얼굴을 인식해 교실 출석 여부를 체크한다. 안면인식 출석 체크 방식은 교사의 수업 시간을 빼앗지 않고 출석 체크도 훨씬 간편하고 효율적으로 바꾼다.

4. 학업 진단

인공지능(AI) 기술에 기반을 둔 스마트 수업시스템은 온·오프라인을 결합한 평가 방식을 채택했기 때문에 개별 학생에 대한 평가 결과와 학업 보고서를 도출하고, 성적 향상을 위한 특별 프로그램 등도 생성할 수 있다. 또한 이 시스템은 각 학생의 서로 다른 니즈에 대응해 최적의 학습자원을 제공하기 때문에 맞춤형 교육을 실현할 수 있고, 교사는 좀 더 체계적이고 입체적으로 학생들의 학습 상황을 관리감독할 수 있다.

5. 다각적인 수업 보고서

스마트 수업시스템은 교사, 학부모, 학생 등 각 교육 당사자들을 대상으로 다각적인 수업 보고서 또는 학생들의 성장 보고서를 생성할 수 있다. 보고서의 내용은 고정불변이 아니다. 스마트 수업시스템은 사용자가 원하는 방향으로 주문제작형 보고서를 생성하여 제공하기 때문에 각 교육 당사자들의 서로 다른 니즈를 충족시킬 수 있다. 또한 학생에 대한 시계열 데이터 분석을 실시한 뒤 이를 토대로 맞춤형 개인 성장 파일을 생성해 학생에게 제공할 수 있다.

6. 지능화된 최적의 과목 배정

스마트 수업시스템은 인공지능(AI)을 이용해 최적의 커리큘럼 배정을 도출할 수 있으며 이를 위해 기존의 과목 배정, 분반 수업, 이동식 수업 등의 방식을 모두 고려 요소로 포함한다. 또 학생들의 과거 성적 추이, 취미와 특기 등 개인 정보, 교사들의 수업 관련 데이터 등까지 모두 종합적으로 고려해 과목을 배정한다.

위와 같은 여러 가지 시각화 관리를 통해 스마트 수업시스템은 학생들이 수업이나 학습 과정에서 생성하는 다양한 데이터를 수집할 수 있고, 이를 바탕으로 과학적인 보고서를 작성할 수 있으며, 지능화된 최적의 수업 배정을 할 수 있다. 또 이렇게 제공된 데이터는 교사들에게 귀중한 수업용 참고자료가 된다.

전자 학급 상황판+스마트 모니터링:
학교 관리의 안전성을 높인다

스마트학교의 지능화는 수업 과정뿐 아니라 학교 관리 면에서도 구현되며, 특히 학교의 안전관리에서도 마찬가지다. 사실 학생 관리는 결코 쉽지 않다. 교사는 학생들에게 안전 및 예방 지식도 설명해야 하고, 학생들이 학교에 있는 동안 동향을 항상 예의주시해야 한다. 하지만 학생 수는 너무 많은데 교사 수는 적어서 모든 학생을 관리하기란 현실적으로 무척 어렵다. 그런데 전자 학급 상황판과 스마트 모니터링 시스템이 등장하면서 이런 어려움을 해결할 수 있게 되었고, 학교 관리의 안전성도 크게 높아졌다.

'전자 학급 상황판'이란 학교 문화 만들기의 일환이며, 동시에 학교 업무, 문화 전시, 교실 관리 등 스마트학교 실현을 위한 플랫폼이다.

전자 학급 상황판은 일반적으로 교실 문 입구에 설치되며 각 학급의 기본 정보, 방과 후 활동 정보, 학교에서 통지하는 정보, 당일 수업 일정 정보 등을 보여준다. 한마디로 각 학급 업무와 학교 관리를 완벽하게 융합한 것이다.

학생들은 매일 아침 교실에 도착하자마자 이 전자 학급 상황판에서 출석 체크를 하고, 교사는 핸드폰으로 학생들의 출결 정보를 실시간 확인할 수 있다. 어떤 반에서 특별한 활동을 조직하는 경우, 이 전자 학급 상황판에서 각 교실의 이용 상황을 사전에 조회한 뒤 빈 교실을 예약할 수 있다. 그러면 유한한 교실을 최대한 활용할 수 있게 된다. 또 전자 학급 상황판과 핸드폰을 연동하면 학교에서 발생하는 각종 돌발문제에 대처할 수 있다. 예를 들어 교실 실내등이 나갔을 때 핸드폰 화면을 클릭하기만 하면 수리 책임자를 즉시 호출할 수 있다.

전자 학급 상황판은 교육 정보화를 구현한 것으로, 효율적인 학교 관리를 가능하게 한다. 첫째, 전자 학급 상황판을 이용해 필요한 경우 수업 시간표, 각종 교내 활동 등 관련 정보를 즉시 발표할 수 있다. 둘째, 전자 학급 상황판은 그동안 교사가 해오던 학생들의 출결 관리를 대신할 수 있다. 즉 전자 학급 상황판은 학교 관리에 있어서 적시성, 유효성을 크게 높여준다.

사춘기 청소년들은 문제가 발생했을 때 매우 충동적으로 변하기 쉬우며 그 결과 학교 폭력 등 심각한 문제를 초래하기도 한다. 조사 결과에 따르면, 학교폭력은 보통 낮 시간대 또는 방과 후에 발생한다고 한다. 또 일부 학생은 안전의식이 부족해서 스스로를 위험에 노출시키는 경우도 흔하다. 범죄자가 학교에 무단 침입하는 사태도 발생할 수 있다. 이 모두는 학교의 안전에 심각한 위험을 초래한다.

인공지능(AI)을 핵심으로 하는 스마트 모니터링 시스템은 이러한 리스크를 효과적으로 줄일 수 있다. 스마트 모니터링 시스템은 학교 출입문, 기숙사, 식당, 교무동(棟) 등을 24시간 모니터링하며 이상 징후를 감지하는 즉시 경보를 울린다. 또 모니터링 기록은 최소 1개월간 보존되어 향후 분석, 증거 확보 등에 활용된다.

긴급방송 및 정보통지 시스템은 교내 모든 건물에 설치할 수 있다. 만약 긴급 상황이 발생하면 각 포인트별로 안내방송을 내보낼 수 있

그림 4-2 스마트 모니터링 시스템의 주요 기능

모니터링 및 경보발령 기능

이상 징후 감지 기능

시험장 모니터링 기능

경보발령 연동 기능

으므로 안내방송이 누락되는 일을 예방할 수 있다. 또한 이 시스템은 수집된 데이터에 대한 빅데이터 분석을 실시해 향후 교내 안전관리 업무에 중요한 근거를 제공한다.

스마트 모니터링 시스템의 주요 기능은 다음과 같다.

1. 모니터링 및 경보발령 기능

학교 출입문, 담, 공공장소, 학생 기숙사 등 구역에 이런 설비를 폭넓게 사용할 수 있으며, 이를 통해 해당 구역에 대한 모니터링 정보를 통제센터로 실시간 전송할 수 있다. 이는 스마트 모니터링 시스템의 가장 핵심적인 기능이다.

2. 이상 징후 감지 기능

백 오피스(Back Office)의 소프트웨어를 통해 서버에 축적된 정보를 분석한다. 스마트 모니터링 시스템은 평소 유동인구 수가 적은 곳에 사람 수가 갑자기 늘어나거나 이상한 출입이 감지되는 경우 즉시 이를 통보할 수 있다. 이를 통해 출입자의 신원을 조회한 뒤 학교폭력 등 불상사의 발생을 사전에 차단할 수 있다. 예를 들어 누군가 담을 넘어 학교에 들어오거나 한밤중에 몰래 사무실에 들어오는 경우, 이 스마트 모니터링 시스템은 그 즉시 이 상황을 통보한다. 그러면 모니터링 책임자는 이 구역을 조사한 뒤 안전사고가 발생했는지 여부를 판단할 수 있다.

3. 시험장 모니터링 기능

시험장 관리 책임자는 이 스마트 모니터링 시스템의 동영상 전송 기능을 이용해 시험이 진행되는 동안 학생들의 동향을 살필 수 있고, 부정행위 등을 감독할 수 있다. 예를 들어 부정행위를 발견하면 이 시스템은 즉시 해당 장면을 포착해 증거를 확보할 수 있다. 또 고사장에 화재 발생 등 돌발 상황이 발생한 경우에도 이 시스템은 즉시 상황을 통보할 수 있다.

4. 경보발령 연동 기능

해당 모니터링 구역에 연기 감지기 등을 장착하고 이를 프론트 엔드(front end)의 설비와 연결한다. 프론트 엔드의 설비에는 경보발령 인풋 잭, 아웃풋 잭이 달려 있어 화재 등 돌발사고가 발생하면, 경보발령 설비는 즉시 해당정보를 통제센터로 전송한다. 통제센터는 사고 발생 지점의 영상을 보며 해당 상황을 파악한 뒤 학생들에게 대피 명령 등의 조치를 취해 피해를 최소화할 수 있다.

전자 학급 상황판과 스마트 모니터링 시스템은 스마트학교를 구축하기 위한 기초 인프라로, 비록 현재는 기술적 한계로 인해 아직 실험 단계에 머물러 있다. 하지만 인공지능(AI)이 빠르게 발전함에 따라 스마트학교의 각종 스마트 앱이 더욱 정교해지고 우수해져 실용적이고 안정적이며 전면적인 학교안전 시스템이 구축될 것이다.

통합카드+스마트 손목밴드: 학교생활의 편리화

인공지능(AI)이 발전하면서 학교의 정보화 구축 역시 활발하게 진행되고 있다. 그 결과물로서 '통합카드+스마트 손목밴드'는 학생들의 학교생활을 더욱 편리하게 만들어준다.

최초의 통합카드는 '밥 카드'였다. 학교식당에서 이 카드를 센서에 가볍게 터치하기만 하면 식사비가 결제되기 때문에 무척 편리했다. 인공지능(AI)이 지속적으로 발전하면서, 특히 스마트 학교 관리 시스템이 통합카드와 연동되면서 학생들의 학교생활은 더욱 편리해질 전망이다.

그때가 되면 통합카드는 단순한 밥 카드가 아니라 학교 정문을 통과하기 위한 출입카드, 교실이나 도서관, 학생 기숙사 등 장소에 들어가기 위한 신분증 역할을 하게 될 것이다. 이는 학생들에게 편의를 제공하고 아울러 안전한 학교생활을 보장해준다.

또 통합카드의 백 오피스에 탑재된 빅데이터 기술은 수업관리를 더 효율적으로 만들어준다. 예를 들어 학생이 이 카드를 긁고 학교 문 안으로 들어오면 이 시스템의 백 오피스에서는 학생의 출입 데이터를 기록한다. 만약 이 학생의 행위에 이상한 점이 포착되면 이 데이터 역시 이상 징후를 그대로 발송하게 된다. 학교 측에서는 이 데이터를 분석해 학생의 평소 행동 양상을 파악할 수 있고, 문제점을 사전에 발견해 필요한 조치를 취할 수 있게 된다.

통합카드뿐 아니라 스마트 손목밴드 역시 학생식당에서 식사하기, 도서관 이용, 출석 체크, 건강상태 체크 등 다양한 기능을 제공해 학교 생활을 편리하게 해준다.

오늘날 대다수 학교에서는 적절한 건강 관련 교육 수단이 부족하며, 건강 관련 데이터의 수집을 여전히 인력에 의존하고 있는 실정이다. 그 결과 빅데이터 축적과 분석이 어렵고, 첨단기술과 시스템 플랫폼의 지원을 받지 못하고 있다. 이때 스마트 센서 시스템이 장착된 스마트 손목밴드는 이 문제를 효과적으로 해결할 수 있다. 가령 학생들의 운동 관련 분석 데이터(학생의 위치, 심장 박동수, 체온, 혈압 등)를 학교에 제공해주며, 학교 측은 이를 바탕으로 학생들의 신체상황을 정기적으로 분석하고, 학생에게 필요한 운동을 조언할 수 있다.

일부 학교는 스마트 손목밴드를 이용한 수업관리 제도를 마련했고, 이를 통해 차별화된 관리를 통해서 학생들의 학업능률의 향상이 가능해졌다. 일례로 중국 광저우(廣州)시 전광 중고등학교(眞光中學)는 스마트 손목밴드를 이용한 '이동식 수업' 수업관리 제도를 마련했다. 각 과목의 교실과 담당 교사는 고정되어 있고, 학생이 자신의 학업 수준과 흥미에 따라서 다양한 레벨의 반을 스스로 선택할 수 있다. 레벨이 다르면 수업 내용은 물론 숙제나 시험의 난이도 역시 달라진다. 스마트 손목밴드는 학생들의 수업 출결상황, 해당 과목에 대한 평점 등 관련 데이터를 기록한다. 또한 이 데이터들을 토대로 학생들의 능력, 성격 등 다방면의 종합적인 소양 평가를 할 수 있다.

또 정저우(鄭州) 대학의 학생들은 현재의 감정 상태를 파악할 수 있는 스마트 손목밴드를 개발했다. 이 스마트 손목밴드는 학생의 피부 전기를 체크할 수 있다. 또 심장 박동수, 운동 상황, 피부 전기 등의 데이터를 수집한 뒤 이 데이터를 연동된 핸드폰으로 전송한다. 그러면 핸드폰에 설치된 앱이 이 데이터를 분석해 최종 수치 결과를 도출한다. 이러한 수치는 그 학생의 현재 감정 상태를 보여준다. 구체적으로 보면 숫자가 0~200이면 즐거운 상태, 200~400이면 흥분된 상태, 400~700이면 긴장한 상태, 700~1,200이면 초조한 상태라고 한다. 또 감정 상태가 변화하면 핸드폰 앱에도 그에 상응하는 숫자로 변하며 그 결과를 알림으로 알려준다. 예를 들어 핸드폰에 표시된 숫자가 1,000을 넘으면 이 시스템이 잠시 휴식을 취하라는 알림을 보내준다.

스마트교육에서 스마트학교의 구축은 발전의 주요 척도라 할 수 있다. 미래에는 더 새로운 하이테크 제품들이 나타나 학생들에게 더 많은 편리함을 주게 될 것이며, 스마트학교의 수준 역시 한층 더 업그레이드될 것이다.

스마트학교를 만드는 첨단기술들

스마트학교 관련 기술은 다음의 5가지다.

첫째, 빅데이터를 이용한 수업은 맞춤형 교육을 실현할 수 있다. 둘째, 스마트 언어 시스템은 언어를 문자로 바꿔주며 이는 수업의 효율을 높인다. 셋째, 머신비전(Machine Vision)이 학생들의 집중력을 체크한다. 교사들 입장에서는 학습 보좌관이 생긴 셈이다. 넷째, 게임화된 수업 플랫폼은 쌍방향 교류 방식의 업그레이드를 실현해 학업능률이 향상되고 교사와 학생 간 쌍방향 교류의 방식이 한층 더 다양해진다. 다섯째, 지식그래프 기술은 지식망을 한층 더 촘촘하고 넓게 만들어준다.

위에서 언급한 5가지 기술은 통신기술이 뒷받침되지 않으면 결코 실현될 수 없다. 일부 기술은 기존의 LTE망에서도 가능하지만 5G망에서 훨씬 더 효과적으로 구현할 수 있다. 5G망은 더 많은 양의 데이터를 더 빠르게 전송할 수 있으며, 명령을 수행하는 데 걸리는 시간을 최소화하므로 빅데이터, 스마트 언어 등 각종 첨단기술을 한 단계 더 최적화해 최대의 효과를 얻도록 한다.

빅데이터 기술: 학생들의 특징 분석을 통한 맞춤형 교육 실현

스마트학교의 기술적 토대 가운데 하나는 바로 빅데이터다. 학생의 습관과 행위 데이터를 토대로 해당 학생의 특징을 판단하고, 이를 바탕으로 맞춤형 교육을 실현할 수 있다. 초창기에는 빅데이터가 기업의 마케팅에 주로 활용되었다. 기업은 빅데이터 분석을 통해 소비자의 구매 패턴을 분석한 뒤 이를 토대로 소비자가 향후 구매할 것으로 예상되는 제품을 예측했으며, 이 내용을 소비자의 검색 화면에 노출시켰다. 이는 소비자의 기존 소비행위를 근거로 이후의 소비자의 소비 행위를 예측하는 방식이었다.

〈뉴욕타임스〉에는 다음과 같은 재미있는 기사가 실린 적이 있다. 미국 미니애폴리스 시에 살고 있는 한 여고생의 아버지가 화가 잔뜩 난 채 대형마트인 타깃(Target)의 책임자를 찾아와 따졌다고 한다. 타깃 마트 측에서 자신의 고등학생 딸에게 기저귀 샘플과 분유 할인 쿠폰을 발송했기 때문이다.

이 아버지는 "당신들은 우리 딸이 임신이라도 하길 바라는 거요?"라고 불같이 화를 내며 불만을 표출했다. 그 당시 마트 책임자는 딸의 아버지에게 거듭 사죄한 끝에 겨우 사태를 진정시킬 수 있었다. 하지만 며칠 후 대반전이 일어났다. 재차 사과하기 위해 마트 책임자가 전화를 했는데 딸의 아버지는 딸이 실제로 임신을 했다면서 오히려 사과를 하는 것이었다. 이 기사가 〈뉴욕타임스〉에 실리면서 인터넷에서 큰 화제가 되었다.

이 에피소드는 그냥 해프닝으로 끝나기는 했지만 타깃 마트 측은 도대체 어떻게 이런 신기한 예측을 할 수 있었을까? 바로 완벽한 소비자 정보 데이터 시스템을 구축하고 있었기 때문이다. 그리고 그 뒤에는 강력한 데이터 분석팀이 활약하고 있었다.

타깃 마트가 구축한 데이터 모델에 따르면, 소비자의 구매 기록과 예비 엄마들의 구매 기록이 매우 비슷한 경우, 이 시스템은 해당 소비자가 임신했을 가능성이 있다고 예측한다. 그리고 시기별 구매 물품 목록을 근거로 소비자의 현재 임신 기간을 예측한 뒤 이 예비엄마에게 필요한 제품을 추천하고 우대쿠폰 등을 발송한다. 바로 이런 시스템 때문에 타깃 마트 측이 그 여고생에게 기저귀 샘플과 분유 할인쿠폰을 증정한 것이다.

이 에피소드는 빅데이터 분석의 정확성을 보여주는 상징적인 사례다. 그리고 이 기술을 교육 분야에 활용해 빅데이터 분석을 실시한다면 기존에는 모호해서 알 수 없었던 학생들의 특징을 파악할 수 있고,

그림 4-3 빅데이터 교육의 3대 장점

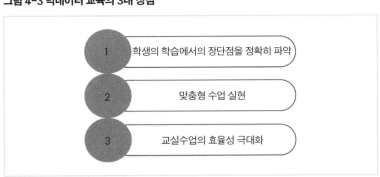

1 학생의 학습에서의 장단점을 정확히 파악

2 맞춤형 수업 실현

3 교실수업의 효율성 극대화

그러면 교사들은 마치 어두운 밤길을 밝히는 등불을 손에 든 것처럼 학생들에게 맞춤형 교육을 실시할 수 있게 된다. 빅데이터 교육의 장점은 다음의 세 가지다.

1. 학생의 학습에서의 장단점을 정확히 파악

교사는 학생들의 학습 습관을 충분히 파악한 뒤에야 비로소 그들의 학습상의 장단점을 정확히 파악할 수 있다. 또 아무리 경험이 풍부한 교사라도 상당 기간 관찰해야만 모든 학생의 장단점을 알 수 있다. 반면 빅데이터 기술을 이용하면 학생의 답안지를 근거로 학생의 학습행위의 장단점 분석이 가능하다. 교사는 이를 근거로 개별 학생의 문제점이나 부족한 점을 효과적으로 보완해줄 수 있다.

2. 맞춤형 수업 실현

수업 시간에 수업데이터를 충분히 활용하고 클라우드 컴퓨팅을 통한 딥마이닝(Deep Mining)을 이용해야만 각 학생의 페르소나를 정확하게 그릴 수 있고, 또 그들의 학습상의 장단점과 학습 니즈를 분석해낼 수 있다. 그리고 마지막으로 해당 학생의 학습에 적합한 맞춤형 교육 솔루션을 만들 수 있다. 정확하고 정교한 빅데이터 분석을 이용하면, 교사들은 수업에서 각 학생의 특징에 맞춰서 더욱 맞춤화된 설명을 할 수 있다. 이것이 바로 진정한 맞춤형 교육이다.

3. 교실수업의 효율성 극대화

정교한 빅데이터 분석은 교사의 수업 준비에도 과학적인 근거로 활용된다. 교사는 수업 준비, 수업, 수업 후 점검 및 보완 등을 더 효과적으로 수행할 수 있으며, 그 결과 교실수업의 효율성이 극대화된다.

빅데이터 분석을 이용한 정교한 수업은 스마트학교 구축에서 매우 중요하다. 미래에는 5G망이 더욱 확대 및 발전해 빅데이터 시스템에 더 뛰어난 기술적 지원을 할 것이다. 예를 들어 5G망 기반의 빅데이터 시스템은 더 많은 종류의 센서와 연결되어 더 풍부한 데이터를 수집할 수 있다. 이를 바탕으로 각 학생의 특징을 더 전면적이고 정확하게 분석해낼 수 있다.

스마트 언어 시스템:
언어를 문자로 바꿔주어 수업의 효율을 높인다

스마트학교 구축을 위해서는 스마트 언어 시스템의 지원이 무엇보다 중요하다. 인공지능(AI)의 한 분야인 NLP(자연어 처리) 기술을 이용해 스마트 언어 인식의 정확도를 높이면 수업시간에 교사들이 하는 말을 문자로 변환하는 것이 가능해진다.

예를 들어보자. 수업시간에 교사가 어떤 내용을 설명하면 스마트 언어 시스템이 그 내용을 자동 인식한 뒤 문자로 바꾸며, 이를 마치 칠판에 판서하는 것처럼 스크린에서 보여준다. 그러면 수업의 효율을 크게 높일 수 있다. 한편으로 교사들은 더 재미있는 다양한 지식을 설명할 수 있고, 또 한편으로 학생들 또한 더 흥미를 느끼고 수업에 몰두할 수 있게 된다.

NLP 기술이 수업에 활용되면 다음 두 가지 면에서 강력한 효과를 발휘할 수 있다. 첫째, NLP 기술은 읽기의 효율을 크게 높여준다. NLP 음성 시스템은 등급화된 읽기 모델을 채택하고 있으며, 엄격한 기준에 따라 각각의 읽기 자료에 등급을 매긴다. 이렇게 하면 학생들은 훨씬 더 과학적이고 맞춤형으로 읽기 공부를 할 수 있게 된다.

둘째, NLP 기술은 학생들의 실험 능력도 키워준다. 특히 물리나 화학 과목 실험의 경우가 대표적이다. NLP 언어 시스템은 실험 절차를 과학적으로 세분화하고, 이를 유창하고 알기 쉽게 음성으로 설명해준다. 학생들은 이 시스템의 지시에 따라 실험 절차를 완벽하게 수행할 수 있다. 실험 과정에서 학생들의 조작능력은 효과적으로 향상되고, 동시에 해당 실험의 내용을 자기 것으로 소화할 수 있게 된다.

중국의 인공지능(AI) 연구개발 기업 아이플라이텍(iFLYTEK, 科大訊飛)은 수업시간에 교사의 음성을 빠르고 정확하게 문자로 바꿔주는 강력한 NLP 기술을 보유하고 있다. 또한 NLP의 지속적인 개발과 혁신에 주력해 여러 분야에서 큰 성과를 거뒀다. 가령 음성인식 및 신택스 분석(syntax analysis, 구문해석) 능력을 크게 향상시켰다. 또 음성에 담긴 감정 파악, 리듬, 음질, 음색 등 다양한 세부 영역에서 큰 성과를 거뒀다.

아이플라이텍은 2019년 6월 차이나모바일과 협력해 개발한 인공지능(AI) 번역 소프트웨어인 '미구링시(咪咕靈犀)'를 세계 모바일통신

대회에서 선보여 현장을 찾은 관객들에게 실시간 음성의 문자화 및 번역 서비스를 제공했다. 미구링시는 NMT(신경망 기계번역) 시스템을 채택했으며, 네트워크 메커니즘과 순환신경망을 융합했다. 또 구문 문법과 키워드 등의 메커니즘이 적용되어 발화된 음성의 내용을 정확히 식별할 수 있고, 또 발화자의 언어 습관에 근거해 그에 해당하는 문자를 찾아 보여준다. 그 결과 좀 더 정확한 음성의 문자화, 더 우수한 통역이 가능해졌다.

차이나모바일은 같은 2019년 6월 '5G+계획'을 발표했으며 이는 5G 스마트음성 분야의 가장 대표적인 앱인 미구링시의 발전에 날개를 달아주었다. 스마트음성은 인공지능(AI) 분야에서 인간-기계의 쌍방향 교류를 실현하는 가장 편리하고 빠른 방식이다. 5G의 발달에 힘입어 인간과 사물, 사물과 사물 간에는 음성을 매개로 한 소통이 가능해졌다.

머신비전: 학생의 집중력 체크, 교사의 스마트 보좌관 역할 수행

인공지능(AI)의 한 세부 영역인 머신비전은 기계가 인간의 눈(眼)을 대신해 측정하고 판단하는 기술을 가리킨다. 일반적으로 위험한 환경 또는 인간의 육안으로는 식별할 수 없는 환경에 주로 활용된다. 머신비전을 교육 분야에 활용한다면 학생들의 집중력 여부를 체크할 수 있어 교사 입장에서는 스마트 보좌관이 생긴 셈이다.

오늘날 교육업계의 경쟁은 날로 치열해지고 있다. 미래에 인공지능

(AI)과 교육기관의 관계는 어떻게 정립될까? 미래의 교육시장은 메이저 인터넷 기업들이 독점하게 될 것인가 아니면 많은 실력 있는 기업들이 서로 다른 영역에서 각자의 입지를 다지게 될 것인가?

2018년 11월에 개최된 '국제 AIAED(AI 적용 교육 대회)'에서 차이샹(蔡翔) 전 탈 에듀케이션 그룹 부회장은 미래의 교육은 한 대기업이 시장을 독점할 수 없는 매우 분산된 시장이 될 것이라고 전망했다. 또 교육의 각 분야에서 뛰어난 기업이 출현할 것이라고 말했다.

그는 또 교육 분야에서 인공지능(AI)이 광범위하게 활용될 것이라고 내다보았다. 가령 안면인식은 학생들의 공부 상태를 반영하는 지침이 될 것이라고 전망했다. 탈 에듀케이션이 개발한 스마트 시각 인식 시스템은 이미 일선 학교 교실과 다양한 환경에서 활용되고 있으며, 학생들의 집중도를 분석할 수 있다고 설명했다.

이 분석 결과는 교사가 수업의 내용, 방식, 속도 등을 조절하는 데 자료로 활용될 수 있다. 또 이를 토대로 수업 분위기를 더 활기를 띠도록 만들어서 학생들의 학업 욕구와 적극성을 높일 수 있다.

또한 머신비전은 학생들의 표정뿐만 아니라 교사들의 동작과 음성을 포착할 수 있어 그 데이터를 스마트 수업 제품 개발의 근거 자료로 활용할 수 있다. 현재 상당수 교육기관이 머신비전 기술을 이용해 교사의 동작과 음성을 포착하는 스마트 수업 플랫폼, 스마트 교육 로봇 등을 개발하기 위해 노력하고 있다.

머신비전의 발전은 스마트교육 앱의 발전을 이끈다. 이는 스마트교육 구축에서 매우 중요하다. 더 많은 스마트 앱이 투입될수록 스마트

교육의 효율성은 한층 더 높아지며, 수업이나 학교관리 관련 업무는 점차 스마트 앱을 통해 해결된다. 그러면 과학적이고 효율적인 수업관리와 학교관리가 가능해진다.

게임화된 수업 플랫폼: 쌍방향 교류를 통한 학업능률 향상, 교사-학생 간 교류 방식의 다양화

인공지능(AI) 기술을 교육에 활용하면 교육환경을 지속적으로 혁신할 수 있다. 쌍방향 수업 모델을 적용한 게임화 수업 플랫폼이 대표적이다. 사실 학생들 대다수는 게임을 무척 좋아한다. 게임화된 수업 방식은 학생들을 몰입하게 할 수 있고, 그들의 잠재력을 끌어내는 데도 효과적이다. 따라서 수업환경의 혁신을 시도하고 있는 상당수 교육기관은 이의 일환으로 게임화된 수업 플랫폼을 개발하고 있다.

학생들에게 재미있고 매력적으로 다가오는 게임화된 수업 플랫폼

그림 4-4 게임화된 수업 플랫폼의 3대 특징

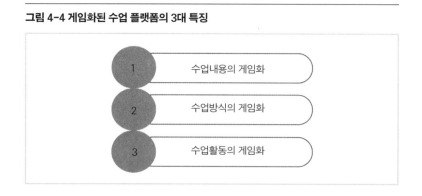

의 특징은 다음 세 가지다.

먼저 수업내용의 게임화란 딱딱하고 건조한 지식을 재미있는 콘텐츠로 바꿈으로써 학생들의 이해를 돕는 것을 말한다. 둘째 수업방식의 게임화란 게임화 방식(경쟁, 협력, 인센티브 부여 등)을 수업에 도입해 학생들에게 동기부여를 하는 것이다. 셋째 수업활동의 게임화란 다양하고 재미있는 수업을 통해 학생들이 배운 지식을 자기 것으로 만들고 이를 적극 활용할 수 있도록 하는 것을 가리킨다.

게임화 수업 플랫폼은 학생들이 다양한 지식을 즐겁게 습득할 수 있도록 하여 학습이 쉽고 또 즐거운 일임을 경험하게 한다. 이처럼 게임화 수업 플랫폼의 가장 큰 목적은 게임의 긍정적 기능을 교육에 접목해 '공부는 즐거운 것'이란 점을 인식시키는 데 있다. 스마트화 시대에 새롭고 참신한 각종 게임화 수업 플랫폼은 수업이 더 즐거워지고 학습에 대한 의욕과 흥미가 더 강해지도록 이끌어준다.

탈 에듀케이션 그룹은 새로운 인공지능(AI) 기반의 교육 플랫폼 개발에 매진하고 있는 가운데 새로운 게임화 수업 플랫폼을 개발했다. 탈 에듀케이션 그룹 장방신(張邦鑫) CEO는 게임화 수업 플랫폼과 관련해 이렇게 말했다.

"차세대 교육기관은 빅데이터를 기반으로 인공지능(AI) 기술을 더욱 발전시키는 과정을 통해 더 지능화될 것입니다. 음성인식, 이미지인식, 필기인식, 음성분석 등 기술이 발전하면서 기계가 사람을 모방해 질문에 대답하고 각종 서비스를 제공하는 것이 가능해졌습니다. 그 활용 범위는 더욱더 늘어날 것입니다. 지금까지는 사람이 가르치고 기계가 옆에서 도왔지만, 앞으로는 기계가 직접 수업하고 사람이 보조하는 방식으로 바뀌게 됩니다. 이 과정을 통해 미래의 배움과 교육은 계속해서 재편되어나갈 것입니다."

이처럼 각종 교육로봇이 활용되면 교육의 게임화는 더욱 심화되고 그에 따라 학생들의 학습 흥미도는 높아진다. 교육로봇은 우수한 교사의 장점을 학습해 지식을 더 생동감 있고 즐겁고 재미있게 만들 수 있다. 또 교육로봇은 광범위하게 데이터를 수집하는 등 충분한 준비 과정을 거칠 수 있으므로, 이를 기반으로 각각의 학생에게 개인화 학습 서비스를 제공할 수 있다.

게임화 수업 플랫폼 역시 스마트학교 구축의 핵심 요소 중 하나로, 인공지능(AI) 등 기술의 지원 아래 미래의 교육 방식은 대대적인 변혁이 일어날 전망이다. 메타버스 시대에는 게임화 수업 플랫폼이 더욱 보편화되고, VR/AR 등 기술이 융합된 게임화 수업 플랫폼은 교육의 일반적인 모습이 될 것이다.

지식그래프 기술: 지식의 깊이와 범위를 키워준다

지식그래프 기술 역시 인공지능(AI)의 한 세부 분야다. 검색엔진, 적응형 수업, 빅데이터 분석 등은 모두 지식그래프 기술과 밀접하게 관련되어 있다. 데이터 수집, 정보의 최적화, 지식의 계량화, 그래프 제작 등의 지식그래프 기술을 이용하면 복잡한 지식이나 암시적(implicit) 지식을 명확하고 간결하게 바꿀 수 있다. 또한 지식그래프 기술은 지

그림 4-5 지식그래프는 3가지 측면에서 지식 검색 효과를 높여준다

1	가장 원하는 지식 검색
2	가장 총체적인 지식 요약 제공
3	더 깊이 있고 종합적인 지식 검색

식의 동태적 변화 법칙을 도출하여 학습에 유용한 참고 정보를 제공할 수 있다.

미래의 스마트학교에서 학생들은 지식그래프 기술을 이용해 과학적인 학습계획을 세울 수 있고, 그 결과 학습 효과는 더욱 높아질 것이다. 지식그래프 기술은 다음 세 가지 측면에서 지식의 검색 효과를 높여준다.

1. 가장 원하는 지식 검색

지식그래프 기술은 학생이 가장 찾고 싶어 하는 지식을 검색해서 찾아준다. 지식그래프 기술의 뼈대는 바로 검색엔진 기술이다. 지능화된 검색엔진은 원하는 지식의 핵심이 무엇인지 정확하게 특정 지을 수 있고 가장 빠른 속도로 학생이 찾고자 하는 지식을 찾아준다.

2. 가장 총체적인 지식 요약 제공

지식그래프 기술은 가장 총체적인 지식 요약을 제공할 수 있다. 지식

그래프 시스템은 지식 리스트를 제공해주기 때문에 이를 통해 알고 싶었던 지식의 다양한 층위와 여기에 내재된 논리 구조를 파악할 수 있다. 예를 들어 지식그래프 시스템에서 '방탄소년단'을 검색한다고 하자. 그러면 이 그룹에 관한 '연도별 행적'뿐만 아니라 그들과 관련된 각종 인물 정보도 볼 수 있다.

지식그래프 기술은 어떤 지식의 다양한 층위와 맥락을 이해할 수 있게 해준다. 학생이 어떤 지식을 검색하는 경우, 지식그래프 시스템은 해당 지식에 대한 상세한 내용은 물론 그것과 연관된 지식의 맥락을 함께 제시하기 때문에 지식에 대한 이해를 심화할 수 있다.

3. 더 깊이 있고 종합적인 지식 검색

지식그래프 기술은 지식의 검색을 더 깊이 있고 광범위하게 해준다. 예를 들어 학생이 지식그래프 시스템에서 '시가(詩歌)의 분류'를 검색하면, 이 시스템은 시가에 관한 종합적인 정보를 보여준다. 따라서 지식그래프 기술을 이용해 더 깊고 넓게 지식을 얻을 수 있으며, 이는 처음에 예상하지 못했던 수확을 얻게 해준다.

지식그래프 기술은 스마트학교 구축에서 매우 핵심적인 역할을 한다. 통신기술이 더 발전하고 5G망이 더욱 일반화됨에 따라 미래 사회는 만물인터넷이 현실화되고, 교육 분야에서도 마찬가지다. 이는 미래에는 교육과 관리 과정에서 발생하는 데이터양이 폭발적으로 증가한다는 점을 시사한다. 이때의 스마트 분석은 한 개체에 대한 분석뿐만 아니라 동시에 다양한 개체 간의 관계 분석을 필요로 한다. 이 경우 지식 그래프 기술이 커다란 위력을 발휘할 수 있다.

지식그래프 기술은 학생들에게 어떤 지식에 대한 전체적이고 입체적인 맥락을 보여주어 종합적인 학습을 도와주고, 또 교사에게는 학생들이 최근에 어떤 지식체계를 배웠는지 파악할 수 있게 해주어 맞춤형 교육의 실현을 돕는다.

 스마트학교 사례들

스마트학교는 미래 학교 관리 및 발전의 큰 흐름이다. 인공지능(AI)이 급속도로 발전하는 가운데 수많은 기업이 학교관리의 혁신에 앞장서고 있으며, 각종 첨단 학교관리 솔루션을 개발해 출시하고 있다.

탈 에듀케이션의 모징(魔鏡) 수업 시스템: 일대일 수업이 가능한 스마트교실

이제 머신비전은 어느 곳에나 존재한다. 가령 유통 및 쇼핑 분야에서는 각종 무인 마트가 등장했다. 스마트폰 분야에서는 아이폰X의 스마트 안면인식 잠금 해제 기능이 있다. 치안 분야의 경우 다양한 스마트 도어락이 활용되고 있다. 인공지능(AI) 비전은 이처럼 우리의 삶에 편리함을 가져다주고 있다. 그렇다면 교육 분야에서는 교사와 학생들에게 어떤 변화를 가져왔을까?

교육업체들은 새로운 시도에 적극적으로 뛰어들고 있다. 탈 에듀케이션은 머신비전 기술을 교육에 성공적으로 접목했다. 이와 관련해 탈 에듀케이션의 기술 책임자는 이렇게 말했다.

"탈 에듀케이션은 검색 인공지능(AI)과 교육업계의 다양한 형태의 융합을 모색하고 있습니다. 이 과정의 출발점은 바로 지식을 기반으로 고객의 진정한 니즈를 찾아내고, 기술과 업계 데이터를 활용해 인공지능(AI) 모델을 만들며, 이를 통해 인공지능(AI) 기술을 교육에 완벽하게 안착시키는 것입니다."

탈 에듀케이션은 머신비전 기술을 교육 분야에 접목해 첨단의 '모징(魔鏡) 시스템'을 개발했다. 2017년 10월 베이징에서 개최된 전시회에서 탈 에듀케이션은 모징 시스템을 선보여 큰 주목을 받았다.

모징시스템은 인공지능(AI) 학습 보조 시스템으로, 핵심 기술은 바로 머신비전인식과 빅데이터 기술이다. 머신비전 기술을 적용한 웹캠은 수업이 진행되는 동안 학생들의 모든 행동을 정밀하게 모니터링하고 이를 토대로 최적의 맞춤형 학습 보고서를 생성한다.

교사는 이 학습 보고서를 근거로 수업 방식과 템포 등을 실시간 확인한 뒤 조정할 수 있으며, 가장 적절한 방식을 사용해 학생들의 주목도를 높일 수 있다. 모징시스템의 가장 두드러진 특징은 바로 각각의 학생에게 관심을 기울여 그들 각각의 특징을 파악할 수 있으므로 일대일 맞춤형 수업 지도를 할 수 있다는 점이다. 교사의 학습지도 효율이 높아지면 학생의 학습욕구도 함께 올라가고 학습능력도 향상된다. 이는 진정한 의미의 교육의 맞춤화, 인성화라 할 수 있다.

모징시스템은 다음 세 가지 차원에서 긍정적인 역할을 한다.

그림 4-6 모징시스템의 3가지 역할

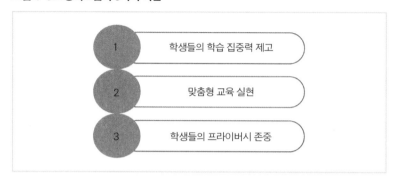

1   학생들의 학습 집중력 제고

2   맞춤형 교육 실현

3   학생들의 프라이버시 존중

1. 학생들의 학습 집중력 제고

모징시스템은 수업에 임하는 학생들의 집중력을 판단하고 또 높일 수 있다. 모징시스템은 수업 시간 학생들의 상태를 녹화한 뒤 스마트 모듈을 만들고 이를 바탕으로 학생들의 집중력 곡선을 제작한다.

이 집중력 곡선에는 두 가지 내용이 포함된다. 하나는 모든 학생을 대상으로 한 수업 집중력 변화 양상이고, 다른 하나는 개별 학생을 대상으로 한 수업 집중력 변화 양상이다.

교사는 이 집중력 곡선의 변화 양상을 근거로 수업에 대한 전체적이고 거시적인 전략을 마련할 수 있다. 예를 들어 학생들의 주의력이 최고조인 시간대에 가장 중요하고 가치 있는 지식에 관해 설명할 수 있다. 또 개별 학생의 집중력 양상을 토대로 일대일 학습지도를 함으로써 해당 학생의 학습 효율을 높일 수 있다.

2. 맞춤형 교육 실현

모징시스템은 '맞춤형 교육'이라는 철학을 견지하고 있다. 모징시스템은 학생들이 수업 시간에 보여주는 모습을 토대로 해당 지식에 대한 이해도를 판단하고 이에 맞는 맞춤형 숙제를 생성해준다. 숙제를 차별화하고 내용 설명을 차별화하기 때문에 각 학생의 학습능력도 함께 올라가고, 공부에 대한 흥미도 점점 더해진다.

3. 학생들의 프라이버시 존중

모징시스템은 학생의 프라이버시를 존중해 인성화 교육을 실현할 수 있다. 모징시스템은 각 학생이 교실에서 어떤 모습을 보이는지 기기를 통해 관찰한다. 이렇게 하면 학생들의 공부 습관을 바꿔놓지 않고, 또 그들을 긴장시키지도 않으며, 그들의 프라이버시를 노출시키지도 않는다. 과학적인 장치를 배합함으로써 학생들의 학습 환경을 최적화하고 더 좋은 환경을 제공할 수 있다.

리드센스: 안면인식을 도입해 스마트학교를 만들다

중국의 리드센스(Read Sense, 閱面科技) 그룹은 안면인식을 핵심으로 하는 인공지능(AI) 기술을 학교관리에 융합하는 방안을 모색했다. 그 결과 쌍방향 교류, 데이터, 서비스 등을 통한 원스톱 스마트학교 솔루션을 개발했다.

리드센스 그룹은 이 솔루션을 항저우시(杭州市)에 위치한 인후 중고등학교(銀湖中學)에 도입했다. 이 스마트학교 솔루션의 하드웨어는 생체 인증 단말, 안면인식 카메라, 안면인식 다용도 단말, 안면인식 스피드 출입문 설비 등으로 구성되어 있다. 빅데이터 관리 시스템에는 스마트 기숙사 관리 시스템, 스마트 안면인식 출입문 관리 시스템, 스마트 출결 관리 시스템 등 각종 모듈이 탑재되어 있다.

이 솔루션의 핵심 목표는 첨단 인공지능(AI) 앱을 학교 내에서 발생할 수 있는 각종 상황에 적용해 학교 관리의 문제점과 어려움을 해결하는 것이다.

예를 들어보자. 인후 중고등학교의 경우 학교 출입 관리는 수위의 전담 업무였다. 학생들이 등교하거나 방문객이 학교를 방문할 때 이들에 대한 검문 또는 각종 증명 등록은 모두 수위의 손을 거쳐야 했다. 수위의 업무는 단순 반복적 성격이 강하고 특별히 의미 있는 데이터는 생성되지 않아서 학교 교무 업무에도 불편을 초래했다. 또 수위가 잠시라도 한눈을 팔 경우 학교 안전에 문제가 생길 수 있었다. 그러나 리드센스 그룹의 생체 인증 단말기, 안면인식 스피드 출입문, 안면인식 카메라 등 인공지능(AI) 제품을 도입한 뒤 이런 문제는 크게 개선되었다.

(1) 생체 인증 단말기: 학부모가 자녀를 찾아오거나 외부인이 학교를 방문한 경우, 먼저 신분증을 스캔해 신원을 확인하고 방문객 정보를 등록해야만 그 후에 얼굴을 스캔해 교문을 통과할 수 있다. 과거에는 종이 장부에 기록하는 방식이어서 시간과 인력이 소요되었지만 이 조치 이후 훨씬 편리해지고 안전해졌다.

(2) 안면인식 스피드 출입문 : 학생이 등교할 때 얼굴을 스캔해야만

교문을 통과할 수 있다. 이 시스템은 학생들의 동향도 수시로 기록할 수 있으며, 이 정보를 백 오피스에 전송한다. 그 결과 학교 측은 학생들의 학교 출입 상황을 실시간 관리할 수 있게 되었다.

(3) 안면인식 카메라: 학교는 안면인식 카메라를 이용해 실시간 동태적 예보 시스템을 구축했다. 이를 통해 외부인이 몰래 학교에 침입하는 사태를 미연에 방지할 수 있게 되었다.

이런 설비들이 도입되자 인후 중고등학교의 사전 예방능력과 사후 원인 분석 능력이 크게 높아졌다. 또 실시간 데이터와 학교 안전의 긴밀한 결합을 통한 학교의 관리 수준이 크게 높아졌고, 이는 학교의 디지털화, 지능화 전환을 가속화하는 데 기여했다.

리드센스 측은 현재 많은 학교에서 안면인식에 관심을 기울이고 있으며 이는 안전, 사고 예방, 지능화된 관리 시스템 구축 등에서 안면인식이 큰 가치가 있음을 인식했기 때문이라고 밝혔다. 가령 안면인식 기술의 인식 정확도는 99.99%에 달하며 이는 다른 인식 기술보다 월등히 뛰어난 수준이다. 따라서 카드 스캔형 경비시스템이나 지문인식 시스템 등에서 발생할 수 있는 문제점을 효과적으로 보완해준다.

또한 안면인식은 지금까지의 인식 데이터 이력을 수집하는 기능도 있다. 이 기능을 이용해 학교 측은 학생들의 행위 관련 데이터를 수집 및 분석할 수 있고, 나아가 스마트학교로의 전환을 촉진할 수 있다.

현재 리드센스는 많은 교육부서와 일선 학교들의 주목을 받고 있다. 예를 들어 상하이 민싱취교육대학(閔行區教育學院)의 경우, 회의 등 번잡한 사무 문제를 해결하기 위해 리드센스의 '안면인식 다용도 단말+스마트 출결 체크 관리 시스템'을 도입했으며, 그 덕분에 안면인식을 통한 회의 출석 및 관리가 가능해졌다. 또 리드센스는 진산 중고등학교(金山中學)와 협력해 스마트 교직원 근무관리시스템, 스마트 기숙사 출입관리 시스템을 구축했다. 또 광시성 싱예현(興業縣) 제4중학교와 협력해 교문 스마트 출입 관리 시스템을 구축했다.

알리바바의 딩딩 미래학교 : 미래의 학교를 보여주다

알리바바는 교육 시스템인 '딩딩(釘釘) 미래학교'를 출시했다.

딩딩 미래학교의 교육 솔루션은 기존 학교관리와 수업에 다음 두 가지 방면에서 혁신을 가져올 수 있다.

1. 안면인식을 통해 학교 출입하기: 얼굴이 학교에서의 통행증이 되다.
딩딩 미래학교는 안면인식 기술을 학교관리에 융합했고, 충칭시(重慶市) 철도 중고등학교에 이 시스템을 도입했다.

충칭시 철도 중고등학교는 딩딩의 지원하에 스마트 출입문 경비시스템과 스마트 식당을 구축했다. 과거에는 IC카드로 출입문을 통과하는 시스템이었기 때문에 학생들이 잊어버리고 카드를 안 가져온 경우 친구 카드를 빌려야 했다. 또 IC카드를 분실하거나 카드가 복제된 경우 학교의 안전에 심각한 위험이 발생할 수 있었다.

충칭시 철도 중고등학교는 2018년 9월에 딩딩의 안면인식 출입문 경비시스템을 도입해 이러한 문제를 해결했다. 학생이 학교를 출입할 때 이 시스템은 딩딩을 통해 학부모에게 해당 정보를 전송하기 때문에 부모님도 안심할 수 있게 되었다.

또한 학생들이 학생식당에서 밥을 먹을 때는 예전처럼 밥 카드를 긁을 필요가 없다. 딩딩 시스템에 안면인식을 하면 알리페이(支付寶, Alipay)를 통해 자동결제 되기 때문이다. 덕분에 밥을 먹을 때도 전보다 더욱 편리해졌다.

2. 원활한 소통을 통해 학부모들을 교육에 참여시키다.

딩딩 미래학교는 수업에도 혁신을 일으켰다. 수업 관련 스마트 솔루션이 충칭시 휘쥐 초등학교(火炬小學)에 도입되어 혁신적인 업무방식을 제공해 수업을 더 간편하고 민첩하게 변모시켰다.

현재 휘쥐 초등학교의 교무관리 업무는 딩딩으로 완전히 이전되었는데, 여기에는 교직원의 모든 일상 업무가 포함되어 있다. 과거에는 교내 소통의 어려움과 느린 업무 처리 등이 문제가 되었는데 이전된 이후로는 완전히 해소되었다.

딩딩 단톡방에서는 '이미 읽었음', '아직 읽지 않았음' 등의 기능을 지원해 소통 문제를 해결했고, 'DING 소식' 기능을 보완해 메시지의 송수신을 원활하게 바꾸었다. 또 휴가 신청 및 승인도 온라인에서 이루어지게 되면서 속도도 전보다 훨씬 빨라졌다.

학부모와 학교 측의 소통 문제의 경우, 클라우드 클래스룸과 온라인 편집을 서로 연동했고, '반지취안(班級圈)' 등 학교와 가정을 서로 연결해주는 어플 서비스도 제공하면서 학교와 학부모 사이의 소통이 전보다 훨씬 더 원활해졌다. 또 그룹 라이브 방송 등의 기능을 지원해 학부모들이 자녀의 성장에 참여할 수 있게 했는데, 이는 사실상 학교와 가정의 공동 교육을 실현한 것이다.

많은 학교가 딩딩과 협력해 학교의 디지털화, 지능화를 추진하고 있다. 딩딩은 개방성, 포용성을 특징으로 하기 때문에 미래형 학교에 무한한 가능성을 가져다줄 수 있다.

텐센트의 스마트학교 2.0: 학습자 중심의 스마트학교 플랫폼

중국 최고 인터넷기업 텐센트(Tencent, 騰訊)는 2019년 10월 청두(成都)에서 국제 디지털 생태계 대회를 개최했다. 이 대회의 스마트교육 포럼에서 그룹 산하의 텐센트 에듀(Tencent Edu)는 '스마트학교 2.0' 버전을 발표했다. 또한 스마트교육 발전 트렌드에 발맞춰 자체 개발한 텐센트 인공지능(AI) 교육 시스템을 선보였다.

텐센트 에듀는 서로 다른 교육단계에서의 특징을 토대로 표준화 및 맞춤화가 가능한 스마트교육 솔루션을 개발했다. 이에 앞서 텐센트 에듀가 발표한 스마트학교 1.0 버전은 이미 1,700여 개 학교에 보급된 상태였다. 그 후 교육의 정보화가 빠르게 진행되면서 스마트교육 사업의 포지셔닝도 수정이 불가피해졌고, 결국 '인터넷+교육 플랫폼'의 방향으로 결정되었다. 이에 따라 텐센트 에듀는 업그레이드 버전인 스마트학교 2.0을 내놓았으며, 이는 학습자를 중심으로 하는 서비스를 제공한다.

데이터 기반으로 가동되는 스마트학교 2.0은 더욱 민첩한 모델을 통해 학습자에게 완정한 서비스를 제공한다. 스마트학교 2.0은 위챗(WeChat, 微信), 샤오청쉬(小程序, 위챗 내에서 서비스되는 미니 응용프로그램), PC, 모바일 기기 등 통일된 데이터 표준을 통해 신원을 확인하며, 학교, 교사, 학생, 학부모 등과 연동할 수 있다.

스마트학교 2.0의 빅데이터 플랫폼은 데이터의 수집, 정리, 저장, 연산 등 모든 프로세스를 수행할 수 있으며, 수업 관련 데이터의 재조합, 연결 등이 가능하기 때문에 기존의 수업 방식을 완전히 바꾸어놓을 수 있다. 아울러 인공지능(AI)을 탑재한 빅데이터 플랫폼은 학생들의 지식 수준과 종합적인 소양 수준 등을 전체적으로 평가해 학생들의 자발적인 개선과 균형 있는 발전을 촉진하는 역할도 한다.

스마트학교 2.0은 IoT를 학교 환경에 융합해 더 지능화한 교실, 더 민첩한 학교 관리, 더 안전한 학교를 실현한다. 또 스마트학교 2.0은 다양한 모바일 앱 통합 서비스를 제공한다. 아울러 위에서 아래로의 하향식 단계별 앱 관리 모델을 통해 학교 측에게 각종 차별화된 앱 서비스를 제공할 수 있도록 한다.

이처럼 스마트학교 2.0은 IoT와 인공지능(AI)을 기반으로 한 스마트학교 솔루션으로, 각종 서비스와 시스템을 융합함으로써 학교의 각종 활동과 학교관리를 원활하게 진행할 수 있도록 지원한다. 아울러 학교 측은 이 스마트학교 2.0버전을 이용해 데이터의 실시간 상호 연결, 지능화된 학교관리 및 수업을 실현할 수 있다.

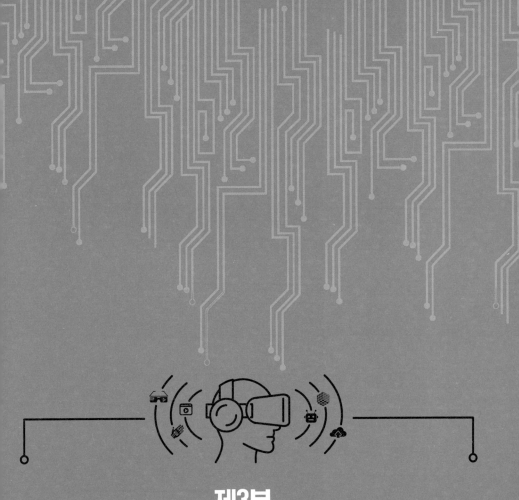

제3부

스마트교육이
전인교육 시대를 이끈다

제5장

스마트 조기교육을 실현하는 영·유아 교육 로봇

스마트교육 시대를 맞이하여 인공지능(AI) 기반의 교육로봇 역시 빠르게 성장하고 있다.

인공지능(AI)은 교육 분야의 각 세부 업종에도 강력한 힘을 불어 넣고 있으며, 교육로봇의 발전은 이런 세부 업종을 대대적으로 변화시킬 전망이다. 영유아교육 전문 로봇의 발전은 영·유아 조기교육 분야의 발전을 이끌 것이다.

영유아교육 로봇의 발전 추세

시대의 발전과 함께 교육을 중시하는 의식은 더욱 높아지고 있는 가운데 특히 영유아를 대상으로 한 조기교육의 중요성이 강조되고 있다. 또한 기술적 지원과 방대한 시장 수요 덕분에 영유아교육 로봇이 빠르게 발전하고 있다. 영유아교육 로봇은 바쁜 부모들의 빈 자리를 어느 정도 대신해줄 수 있다. 또한 지능화된 영유아교육 로봇은 어린 자녀들에게 훌륭한 선생님 역할도 수행한다.

중국의 싱크탱크 서비스 기관인 첸잔 산업연구원(前瞻産業研究院)이 발표한 '중국 영유아교육 로봇 업계의 발전 전망 예측 및 투자계획 분석 보고서'에 따르면, 중국의 경우 2025년까지 영유아교육 로봇 시장 규모는 3,000억 위안(한화 약 51조 원)으로 성장할 것이라고 한다. 현재 막대한 자금이 영유아교육 로봇 분야로 몰려들며 영유아교육 로봇은 영유아 상품 시장에서 가장 시장성이 높고 각광받는 분야가 되었다. 기술력의 뒷받침과 막대한 자본의 투자 등은 영유아교육 로봇의 발전을 이끌고 있다.

실생활에 빠르게 진입하고 있는 영유아교육 로봇

어린이의 성장 과정에서 부모의 보살핌은 그 무엇보다 중요하다. 하지만 일이 너무 바쁜 부모들은 자녀와 항상 함께 있어주기가 현실적으로 어렵다. 이런 가운데 돌봄, 교육, 쌍방향 교류 등을 특징으로 하는 영유아교육 로봇이 빠르게 우리의 일상으로 들어오면서 대중적인 소비재가 되어가고 있다.

5G의 초고속 인터넷 덕분에 영유아교육 로봇은 방대한 데이터베이스에 수시로 접속해 어린이를 위한 각종 서비스를 제공할 수 있다. 가령 아이들에게 노래 불러주기, 이야기 들려주기, 외국어로 대화하기 등이 있다. 5G와 인공지능(AI)의 융합으로 영유아교육 로봇은 더욱 인간을 닮아가고 있는 추세다.

영유아교육 로봇은 어린이에게 지식을 들려주며 상상력을 길러준다. 또한 아이들과 영유아교육 로봇의 쌍방향 상호 교류는 아이들의 실행능력, 두뇌 활용 능력 등을 키워준다. 이밖에 영유아교육 로봇을 사용하는 법을 배우는 과정에서 아동은 어려움을 해결하기 위한 방법을 끊임없이 생각하게 되고, 이는 생각하는 능력을 키우는 데 큰 도움이 된다.

영유아교육 로봇은 아이들과 함께 놀아주는 동시에 아이들의 학습 욕구도 자극할 수 있다. 또 아동의 성장 과정에서 지능 계발 선생님 역할을 수행하고 아이들이 즐거운 배움의 환경 속에서 성장할 수 있도록 이끈다. 아울러 강력한 스마트 기능과 음성인식 시스템을 갖추고 있어 아이들과 즐겁게 상호 교류할 수 있다. 다시 말해, 부모의 자녀교육을 대신하는 좋은 비서인 셈이다.

5G와 센서, 기타 각종 첨단 하드웨어의 융합 덕분에 영유아교육 로봇은 매우 지능화된 기능을 갖게 되었다. 미래의 가정교육은 그야말로 인공지능(AI)의 시대이며, 스마트교육의 시대라 할 수 있다. 앞으로 영유아교육 로봇은 어린이의 성장에서 지능 계발 선생님이자 어린이의 건강한 성장과 즐거운 공부를 도와주는 친구로 자리매김하게 될 것이다.

인공지능(AI) 기술의 발전으로 기능이 더욱 강력해지다

갈수록 조기교육이 중요시되면서 로봇 산업 분야에서 영유아교육 로봇은 거대한 성장 잠재력을 지닌 성장산업이다. 중국의 경우 2019년에 발표된 〈중국 영유아교육 청서〉에 따르면, 중국의 영유아교육 시장은 대도시에 해당하는 1선도시와 2선도시의 경우 영유아교육 브랜드들이 치열한 경쟁을 벌이고 있으며, 중소도시에 해당하는 3선도시와 4선도시에서도 영유아교육 산업은 전체 산업의 핵심 역할을 하고 있다. 또 2025년까지 중국 영유아교육 시장 전체 규모는 4,500억 위안 (한화 약 80조)을 돌파할 것으로 전망된다.

영유아교육은 이처럼 막대한 성장 잠재력을 갖고 있으며 이에 따라 영유아교육 전문 로봇 역시 동반 성장할 전망이다. 영유아교육 로봇의 핵심기술은 인공지능(AI)이다. 따라서 인공지능(AI) 기술의 발전은

그림 5-1 인공지능(AI)은 영유아교육 로봇의 성능을 향상시킨다

영유아교육 로봇의 기능이 더욱 지능화되기 위한 필수 요건이다. 어떤 상황에서 어떤 교류를 위한 목적의 로봇이든 그 핵심 기반은 인공지능(AI)이다. 인공지능(AI) 기술은 영유아교육 로봇의 기능을 더 향상시킬 것이며 그 구체적인 내용은 다음 세 가지다.

1. 인공지능(AI) 차원

상당히 오랜 기간 동안 로봇은 인간이 쉽게 넘을 수 없는 하이테크 제품으로 인식되어왔다. 영유아교육 로봇에 있어서 핵심 경쟁력은 바로 쌍방향 교류 기술이다. 하지만 현재 많은 영유아교육 로봇이 쌍방향 교류 기능이 미흡해 아이들이 전달한 정보를 탐지하고 이에 대한 피드백을 주는 등의 기능이 부족하다. 또 주로 시각과 청각에 의존해 정보를 전달하며, 아이들의 주의를 끌 만한 효과적이고 매력적인 수단 역시 부족한 상태다.

　인간-기계 쌍방향 교류는 단순히 음성을 통한 대화만을 가리키는 것이 아니라 종합적인 커뮤니케이션을 의미하지만, 많은 기업이 이 점을 간과하는 경향이 있다. 인터넷 하이테크 기업들은 일찍이 외관이 동글동글하고 귀여워서 어린이에게 인기 만점인 '귀요미 로봇'의 개발에 주력했으며, 이 로봇이 각종 기능과 서비스를 제공할 수 있도록 막대한 투자를 했다.

'귀요미 로봇'은 인공지능(AI) 기반의 이미지인식 기술과 언어 상호교류 기술을 탑재하고 있어서 아동이 하는 말을 효과적으로 인식할 수 있다. 또한 클라우드에는 방대한 지식 데이터베이스가 있어서 교재 동기화, 외국어-모국어 쌍방향 통역도 가능하다.

또한 '그림책 보며 글자 익히기' 등 특별 기능도 제공할 수 있다. '귀요미 로봇'은 자체 내장된 HD 웹캠을 이용해 그림책 내용을 정확하게 식별할 수 있으므로 어린이가 손가락으로 짚은 것을 정확히 읽어줄 수 있다. 또 영화 수준의 스펙터클한 사운드를 낼 수 있다. 이처럼 아이들은 '귀요미 로봇'을 통해 손과 눈, 귀 등을 이용해 다각적인 학습을 할 수 있다.

2. 시스템 차원

교육 관련 제품인 영유아교육 로봇의 핵심 경쟁력은 당연히 콘텐츠다. 영유아교육 로봇이 풍부하고 또 확장성이 높은 콘텐츠를 제공할 수 있는 이유는 바로 시스템 플랫폼 때문이다.

시스템 유지보수 비용을 고려해보자. 소형 OS(운영체제)를 디자인 및 제작하는 기업은 보통 영세기업인 경우가 많은데 이런 OS가 적용된 시스템을 가동하면 일정 시간이 흐른 뒤 오작동, 유연성 하락 등 하자가 생기기 쉽다. 따라서 저비용의 대형 OS를 선택하는 것이 인공지능(AI)의 상용화에 유리하고, 인공지능(AI)이 최대한 효능을 발휘하도록 한다. 현재까지의 기술 수준으로 볼 때 인공지능(AI)이 탑재된 안드로이드 OS가 영유아교육 로봇 개발에는 최적의 선택이라고 할 수 있다.

'귀요미 로봇'은 안드로이드 OS의 개방성을 채택한 덕분에 클라우드 내에 축적한 콘텐츠를 지속적으로 업데이트할 수 있고, 그로 인해 인공지능(AI)의 스마트 추천 시스템에 풍부한 자료를 제공해준다. 또한 안드로이드 OS를 탑재한 영유아교육 로봇은 반응 속도가 빠르고, 조작이 수월해서 사용 경험이 우수하다.

3. 쌍방향 교류 차원

아동이 영유아교육 로봇을 좋아하게 만들려면 아동과의 쌍방향 교류 기능을 반드시 갖춰야 하며 아울러 지속적인 업데이트 기능도 갖춰야 한다.

'귀요미 로봇'은 로봇과 아동의 깊이 있는 상호교류를 위해 HD급 터치스크린을 장착함으로써 화질이 선명하고 아이들의 눈에 대한 자극도 훨씬 덜하다. 어린이들은 음성을 통해 원하는 영상 콘텐츠를 지시할 수 있다. 예를 들어 어린이가 'XX 동물', 'XX 만화영화'라고 외치면 로봇이 해당 그림이나 만화영화를 찾아서 스크린에 보여준다. 또 로봇은 백 가지가 넘는 표정을 갖고 있어서 아이들의 흥미를 지속적으로 유발할 수 있다.

영유아교육 로봇의 핵심 기술은 인공지능(AI)이기에 인공지능(AI)

기술이 더욱 성숙해지면 영유아교육 로봇의 각종 기능 역시 지금보다 더 우수해진다. 그때가 되면 수많은 종류의 특색 있는 로봇이 등장하게 될 것이다.

VR/AR 쌍방향 교류가 커뮤니케이션 방식의 혁신을 일으키다

요즘의 영유아교육 로봇은 스마트 홈 로봇(home robot)처럼 생체 모방(biomimetic), 스마트 음성 제어, 머신비전 등 각종 첨단기술이 적용되어 있다. 이는 영유아교육 로봇에게 더 다양한 기능을 부여하고, 최대한 인간에 가까운 모습과 행동을 할 수 있도록 만들기 위한 목적이다.

현재 인간-기계의 쌍방향 교류를 더욱더 원활하고 즐겁게 만들기 위한 또 다른 첨단기술이 영유아교육 로봇에 적용되어 있다. 바로 VR/AR 기술이다.

VR/AR 기술은 카메라 영상의 위치를 실시간으로 계산해 화면에 해당 동영상이나 3D 모형 등을 덧씌워주는 기술을 가리키며, 그 목적은 스크린 위에 현실세계와 가상세계 사이의 쌍방향 교류를 실현하는 것이다.

VR/AR 기술은 인간과 기계 사이의 쌍방향 교류를 더 원활하고 효과적으로 실현한다. 현재의 영유아교육 로봇은 다양한 능력을 갖추고 각종 기능을 제공하고는 있지만 여전히 로봇은 로봇이다. 반면 VR/AR 기술이 적용되면 영유아교육 로봇이 가진 로봇으로서의 속성이 현저히 약해지고 더욱 인간을 닮아간다. 예를 들어 보자. 로봇이 "나,

목 말라"라고 말하면 어린이는 물컵이 그려진 카드를 찾아 로봇 앞에 내려놓을 수 있다. 그러면 로봇은 그 그림을 보면서 "아, 물을 마시니까 정말 시원해"라고 대답할 것이다. 이런 식의 쌍방향 교류는 영유아교육 로봇을 더욱 인간에 가깝게 하고, 어린이는 이러한 로봇을 더 좋아하게 될 것이다.

영유아교육의 관점에서 볼 때 아동의 학습 효과는 주로 본인의 학습 흥미도에 달려 있다. 다시 말해, 아동에게 학습 욕구와 흥미를 심어주는 것이 단순한 지식 전수보다 훨씬 더 중요하다.

요즘 교육시장에 나온 영유아교육 로봇은 상당수가 이런 흥미를 유발하는 데 그다지 효과적이지 않다. 어린이들은 로봇을 가지고 놀다가 시간이 지나면 싫증을 내고 흥미를 잃는 경우가 많다. 그 이유는 이 로봇들이 오락성과 쌍방향 교류 기능이 부족하기 때문이다. 반면 일부 VR/AR 기술을 도입한 영유아교육 관련 핸드폰 앱은 아동에게 로봇 못지않은 인기를 끌고 있다. 이는 VR/AR 기술이 아동에게 얼마나 크게 어필할 수 있는지를 잘 보여준다.

영유아교육 로봇은 오늘날 교육 시장에서 첨단의 영유아교육 도구로 평가받고 있으며, 부모와 아동들에게 큰 인기를 끌고 있다. 그들은 영유아교육 로봇에 큰 호기심을 갖고 있고, 이들과 친구가 되고 싶어 한다. 이 로봇은 이미 도구로서의 차원을 넘어서 어린이들은 이 영유아교육 로봇에게도 생명이 있고 그들이 자신의 친구라고 생각한다. 그런데 이런 친구와의 소통이 스크린을 통해서만 이루어진다면 그 로봇에 대한 기대감은 점점 낮아지고 흥미도 얼마 못 가서 사라지고 말

것이다.

하지만 VR/AR 기술이 융합된 영유아교육 로봇은 표정이 매우 풍부하며, 아동은 스크린 밖으로 나온 형상과 상호 교류할 수 있다. 또한 아동은 VR/AR 기술을 통해 직관적으로 지식을 배울 수 있으므로 교육 효과도 훨씬 우수하다.

VR/AR 기술과 영유아교육 로봇은 시대 발전의 산물이며, 이 둘의 결합은 1+1〉2의 시너지 효과를 일으킨다. 앞으로 다양한 VR/AR 영유아교육 로봇이 출시될 전망으로 이들은 기존의 주입식 교육을 획기적으로 바꿔놓을 것이다.

교육에 시간이 부족한 부모의 수요, 막대한 투자가 폭발적 성장을 이끌다

과거에는 SF 영화에서나 볼 수 있었던 인공지능 로봇이 이제 각 가정에도 보급되고 있다. 이런 가운데 교육 분야는 이러한 첨단기술을 빠르게 도입하고 있다. 여기에 국가경제의 발전, 막대한 자금 유입, 바쁜 업무 등으로 인해 자녀와 오랜 시간 함께해주지 못하는 부모가 늘어나는 현상 등의 여러 요인으로 영유아교육 로봇 산업이 발전하고 있다. 사람들은 어린 자녀에게 우수한 교육을 시키고 싶어하고 얼마가 되었든 아낌없이 투자할 준비가 되어 있다. 만약 그런 기능을 제공하는 스마트 영유아교육 로봇이 있다면 부모들은 구매하는 데 돈을 아끼지 않을 것이다.

영유아교육 시장에서 인공지능(AI)의 성장 잠재력은 무궁무진하다. 특히 영유아교육 로봇 산업은 많은 자본과 창업자들에게 주목받고 있다. 인공지능(AI) 시대가 본격적으로 시작되며 영유아교육 로봇 시장은 그야말로 황금기를 맞이하게 될 것이다.

그 밖에 부모들이 가정에서 자녀교육에 온전히 몰두할 수 없다는 점 또한 영유아교육 로봇 산업이 발전할 수 있는 요인 중 하나다. 자녀에게 물질적으로 좀 더 풍족한 삶을 제공하기 위해 부모들은 어쩔 수 없이 일하는 시간을 늘릴 수밖에 없다. 영유아교육 로봇은 이런 부모와 어린 자녀의 소통을 강화해주고 나아가 자녀의 교육도 담당하며, 자녀가 공부에 흥미를 가질 수 있도록 해준다.

수많은 하이테크 기업과 스타트업이 영유아교육 로봇 시장이 가진 거대한 성장 잠재력을 내다보고 속속 뛰어들고 있다.

중국의 경우 샤오미, 360, 바이두 등 거대 기업이 이 시장에 뛰어들어 각종 영유아교육 로봇 제품을 출시하고 있다. 이 기업들은 인간-기계 쌍방향 교류, 영상채팅, 게임화 학습 등을 주력 콘셉트로 삼아 다양한 기능을 선보였고 아동들에게 큰 사랑을 받았다. 또한 자녀를 직접 돌볼 수 없는 부모들의 고민을 상당 부분 해결해주고 있다.

업계관계자는 영유아교육 로봇이 기존의 영유아교육 제품을 대체하는 것은 필연적인 트렌드라고 말한다. 현재 중국의 경우 만 0~8세 아동 숫자는 1억 명이 넘는다. 영유아교육 로봇은 이야기 들려주는 장난감, 트랙터 장난감, 퍼즐 맞추기 등 기존의 영유아교육 제품을 점차 대체하고 있다. 미래에는 세분화된 교육 시장 전체 규모가 수천억 위안(한화 수십조 원)에 달할 것으로 전망된다.

현재 중국 시장에 출시된 영유아교육 로봇은 대다수가 취학 전 어린이용에 맞춰져 있다. 이보다 더 어린 만 0~6세 어린이용 로봇은 상대적으로 외면 받고 있다. 해외 선진국들과는 달리 중국 국내의 영유아교육 로봇은 이제 막 성장기에 들어섰다. 이는 달리 말하면 앞으로 성장 잠재력이 매우 크다는 의미다.

영유아 시기는 연령대에 따라 니즈가 서로 다르기 때문에 영유아교육 로봇은 다음 세 가지 유형의 아동 고객의 니즈에 맞추어 설계될 필요가 있다.

⑴ 만 0~3세 어린이: 호기심이 왕성한 나이대로 새로운 물건을 보면 직접 만지거나 시도해 보려는 욕구가 강하다. 이 시기에는 가정교육이 위주가 되어야 하므로 영유아교육 로봇은 콘텐츠에 중점을 두어야 한다.

⑵ 만 3~6세 어린이: 어린이집에 다니는 나이대다. 친구들과의 교류를 콘셉트로 하는 제품들, 스마트 로봇 완구처럼 사고력을 키울 수 있는 제품이 이 나이대 어린이에게 사랑받는 주류 제품이다.

⑶ 만 6~12세: 이 시기의 어린이들은 욕구와 흥미가 상대적으로 안정적이다. 따라서 상호 교류 콘셉트의 영유아교육 로봇이나 야외활동을 보조해주는 로봇이 더 사랑받을 가능성이 높다.

현재 막대한 자본이 영유아교육 로봇 산업에 투자되고 있으며 앞으로도 많은 우수 기업과 스타트업들이 이 분야에 뛰어들 것으로 전망된다. 그들은 자본의 지원하에 시장을 더욱 세분화하고, 고객의 특성과 니즈에 맞는 맞춤형 제품, 즉 특화된 영유아교육 로봇을 개발해 시장에 출시할 것이다.

영유아교육 로봇은 어떻게 학습능력을 키우는가?

영유아교육 로봇이 학습능력을 키워주는 방법은 두 가지다. 첫째, 함께 놀아주는 방식으로 아동에게 지식을 전달하고 우수한 학습 경험을 하게 한다. 둘째, 우수한 학습 콘텐츠를 제공하는 방식으로 아동의 호기심을 자극한다.

놀이를 통해 지식을 전달하고 언어로 소통한다

2017년 8월 IEEE(미국 전기 전자 학회)는 〈알파 세대와 밀레니얼 세대 부모〉라는 이름의 보고서를 발표했다. 이에 따르면 인공지능(AI)은 앞으로 교육, 의료, 엔터테인먼트 등 모든 영역에서 '알파 세대'의 삶 곳곳에 침투하게 되고, 알파 세대는 인공지능(AI) 없이는 살 수 없게 될 것이라고 한다.

알파세대란 2010~2025년 사이에 태어난 사람들을 가리키는 말로, 이 시기는 인공지능(AI)의 3차 붐업이 일어나는 때에 해당한다. 이 세대는 삶, 행동방식, 사고방식 등 여러 면에서 인공지능(AI)의 영향을 매우 크게 받는다. 이 세대의 젊은 부모들은 자녀의 첨단화된 교육을 중요하게 여기며 첨단기술을 이용해 자녀의 학습을 도와주고 싶어 한다.

IEEE 연구 보고서에 따르면 신세대 부모 중 40%가 영유아교육 로봇을 자녀 돌봄에 활용하려고 한다. 영유아교육 로봇은 자녀에게 맞춤화 학습 경험을 제공할 수 있다. 이런 교육방식은 신세대 아동들에게도 큰 영향을 끼치고 있다. 이들은 더 독립적인 사고방식과 남들과 다른 행동방식을 갖고 있으며 혁신에 과감하다. 미래에 그들은 남들과 다른 자신만의 행동방식으로 사회를 변화시키고, 사회를 더 번영시키며, 과학기술 수준을 더 높이 끌어올릴 것으로 전망된다.

세대마다 기억하는 어린 시절의 모습은 제각각이다. 가령 1980년대생은 진흙놀이를 하고, 강아지와 함께 뛰어다니며, 물총놀이를 하던 어린 시절을 떠올릴 것이다. 1990년대생은 장난감을 갖고 놀고 만화영화를 보면서 자란 유년기가 생각날 것이다. 2000년대생은 아이패드와 스마트폰을 갖고 놀던 어린 시절의 기억을 간직하고 있을 것이다. 그런가 하면 알파 세대는 인공지능(AI)과 함께 성장한 세대다. 알파세대는 영유아교육 로봇과의 교류와 소통에 익숙하며, 살아 있는 반려동물이 아니라 인공지능(AI) 반려동물을 갖는다. 이런 인공지능(AI) 반려동물은 외관이 매우 정교하게 디자인되어 무척 귀엽고, 또 언어를 사용해 어린이와 소통하고 함께 놀아줄 수 있다. 이러한 인공지능(AI) 반려동물과 함께 자란 아동들은 당연히 하이테크에 대한 감각이 뛰어나고 이런 제품을 통해 즐거움을 느꼈던 어린 시절을 간직하게 될 것이다.

향후 각종 첨단기술이 지속적으로 발전하면 영유아교육 로봇은 더욱 지능화되고 인간친화적으로 발전할 것이다. 영유아교육 로봇은 어린이와 상호교류하고 함께 놀아주면서 더 재미있게 어린이에게 지식을 전달할 것이다. 이런 교육방식은 기존의 딱딱하고 비효율적인 영유아교육의 문제점들을 해소하고, 어린이의 지적 욕구를 효과적으로 자극하며 좋은 공부습관을 길러줄 수 있을 것이다.

연령대별 맞춤 학습 콘텐츠를 제공한다

영유아교육 로봇은 놀이를 통해 어린이에게 지식을 전달할 뿐 아니라 우수한 학습 콘텐츠를 제공해 교육의 문제점도 해결해준다.

아이플라이텍이 개발한 '알파에그(Alpha Egg)' 시리즈는 우수한 학습 콘텐츠를 제공하는 영유아교육 로봇이다. 특히 '알파에그 A10' 영유아교육 로봇은 처음 출시되었을 때부터 큰 호응을 얻어 누적 판매량이 엄청나다.

알파에그 A10 로봇의 장점은 다음과 같다.

첫째, 적용된 인공지능(AI) 기술 수준이 매우 높다. 알파에그 시리즈 제품은 모두 어린이 영유아교육에 특화되었는데, 특히 알파에그 A10의 경우 인공지능(AI)을 기반으로 신텍스 인식 능력을 크게 높였고, 아동의 음성 및 각종 언어 데이터에 대한 중복 훈련을 통해 아동이 내뱉는 말에 대한 신텍스 인식 모델을 구축했다. 그 결과 알파에그 A10은 아동 음성 인식률이 매우 뛰어나다.

둘째, 교육자원 면에서 우수하다. 교육 콘텐츠밖에 제공하지 못하는 영유아교육 제품은 더 이상 소비자의 니즈를 만족시키지 못하며, 연령대에 따라 특화된 우수 학습자원을 제공하는 능력이 영유아교육 로봇의 핵심 경쟁력 중 하나다.

콘텐츠 면에서 볼 때 알파에그 A10은 만 3~12세 어린이의 성장에 포커스를 맞췄고, 다수 교육 전문가와 교육실험실, 교육기관 등과 제휴해 특정 연령대 아동에게 적합한 학습 콘텐츠를 개발했다. 이런 맞춤형 교육은 아동의 행동습관, 대인관계, 언어능력 등을 키워주는 데 큰 도움이 된다.

셋째, 영어그림책을 읽어주고 영어를 가르쳐주는 기능이 있다. 아동은 이 로봇과 함께 즐겁게 그림책을 보며 따라서 읽고 그 과정에서 자연스럽게 영어도 익힐 수 있다. 또한 알파에그 A10은 어린이의 영어 발음도 훈련시킬 수 있다. 이 로봇은 인공지능(AI) 기술을 기반으로 아동의 영어 발음을 테스트한 뒤 아동이 정확한 발음을 낼 수 있도록 훈련 및 지도할 수 있다. 그 결과 아동은 자연스럽게 영어 실력이 향상된다.

이처럼 알파에그 A10 영유아교육 로봇은 기존의 수많은 영유아교육 로봇 제품군 가운데서도 독보적인 우위를 차지하고 있으며, 이는 차별화된 우수 콘텐츠 제공 능력과 깊은 관련이 있다. 알파에그 A10은 어린이들에게 다양한 읽을거리를 제공하고, 무엇보다 연령대에 따라 다양한 맞춤형 학습 콘텐츠를 제공할 수 있다.

콘텐츠 방면에서의 향상은 영유아교육 로봇의 경쟁력 향상을 위한 필수요소다. 또 영유아교육 로봇이 발전할수록 제공하는 콘텐츠 역시 더 고급화되고 디테일해진다.

쌍방향 교류를 통해 능동성을 습득하게 한다

중국의 하이테크 기업인 고와일드(Gowild, 狗尾草) 테크놀로지의 CEO 추난(邱楠)은 영유아교육 로봇과 관련해 이렇게 말했다.

"영유아교육 로봇을 장난감처럼 만들 수는 없습니다. 만약 그렇게 한다면 거기에서 벗어날 수 없으니까요. 사실 하이테크야말로 미래입니다. 장난감은 현재일 뿐입니다."

이 말은 영유아교육 로봇의 핵심과 특징을 잘 설명해주고 있다. 즉 영유아교육 로봇은 어린이와 함께 놀아주는 장난감이 아니며, 그것의 핵심은 그것이 담고 있는 하이테크 역량이다. 영유아교육 로봇은 아동의 언어, 신체 동작, 심리적 특징 등을 심도 있게 연구하고, 이를 기반으로 딥러닝 기술 분석, 아동의 언어 및 심리 이해 등을 통해 더 효과적으로 아동과 쌍방향 상호 교류를 할 수 있게 되었다.

고와일드가 개발한 영유아교육 로봇 '궁쯔샤오바이(公子小白)'는 매력적인 외관, 우수한 성능, 실용적인 기능을 갖추고 있다. 궁쯔샤오바이는 아동에게 공부하는 습관을 길러주고 나아가 하루 24시간의 시간 관리 계획도 세워준다. 이들은 아침이 되면 정해진 시각에 음성을 통해 어린이를 깨워주는데 이는 일찍 일어나는 습관을 기르는 데 도움이 된다. 또 이 닦는 습관을 길러주고, 비가 오는 날에는 아동에게 우산을 쓰고 나가라고 일러주기도 한다. 저녁이 되면 궁쯔샤오바이는 아동과 함께 그날 배운 내용을 복습한다. 또 잠잘 시간이 되면 아동에게 재미있는 이야기를 들려주어 자연스럽게 잠이 들어 꿈나라에 들어갈 수 있게 해준다.

이런 식으로 24시간 아동과 함께하며 시간 관리 계획도 세워주기 때문에 아동들은 일찍 자고 일찍 일어나는 습관을 기르고 건강하게 성장할 수 있다.

궁쯔샤오바이는 빅데이터 기술을 기반으로 방대한 학습자원을 수집할 수 있다. 그래서 아동에게 시를 암송하도록 가르치기도 하고 유명한 일화를 들려주기도 한다. 신나는 동요를 틀어주기도 하고 아동의 영어 발음도 교정해준다. 궁쯔샤오바이는 케임브리지, 옥스퍼드, 하버드 등 명문 대학에서 편찬한 원어민 음성 교재를 자동 정리하여 아동에게 훌륭한 언어환경을 제공할 수 있으며 그 결과 아이들이 영어로 말하기를 좋아하게 만들 수 있다.

영유아교육 로봇의 장점은 풍부하고 다양한 지식의 제공뿐 아니라 무엇보다 지능화된 쌍방향 상호교류가 가능하다는 점이다. 기존의 영유아교육 제품에서 제공하는 콘텐츠도 사실 우수하기 때문에 부모들은 이런 제품으로 자녀에게 지식을 가르칠 수는 있다. 하지만 이런 방식은 여전히 기존의 주입식 교육을 답습하고 있다. 아이들은 스스로 선택하는 능력을 키우지 못하고 주입되는 지식을 피동적으로 받아들일 수밖에 없다.

반면 인공지능(AI)을 탑재한 영유아교육 로봇은 아동과의 쌍방향 상호교류가 가능하다. 아이들은 여러 가지 재미있는 이야기를 들려달라거나 그림책을 읽어주고 영어단어를 말해달라고 요구할 수 있다. 이 과정에서 아동은 능동성을 습득할 수 있다. 이런 능동성은 더 나아가 학습에 대한 흥미를 유발하고 더 많은 지식을 효과적으로 배울 수 있는 원동력으로 작용한다.

영유아교육 로봇의 사례

영유아교육 로봇이 빠르게 발전하고 있는 가운데 수많은 기업이 이 분야에서 자신만의 영유아교육 로봇 제품을 선보이고 있다. 중국의 바디(巴迪), 바바텅(巴巴騰, Babateng) 영유아교육 로봇은 주목할 만한 기능을 갖고 있다.

360의 어린이용 로봇 바디:
귀여운 외관+풍부한 지식+강력한 쌍방향 교류 시스템

요즘 부모들은 일 때문에 너무 바빠서 아이들과 놀아줄 시간이 부족하다. 그러나 아이들은 같이 놀아줄 누군가가 필요하고, 자기만의 친구를 원한다.

중국의 하이테크 기업인 360 그룹이 개발한 아동용 로봇은 '어린이와 함께 놀아주기'라는 콘셉트를 바탕으로 만들어졌다. 이 로봇은 어린이들 곁에서 늘 함께하며 그들의 성장 과정을 더 즐겁게 만들어주는데, 외관이 매우 귀엽고 앙증맞아서 시장에 출시되자마자 수많은 어린이의 마음을 단번에 사로잡았다.

360의 아동용 로봇 이름은 '바디(巴迪)'다. 바디는 귀여운 외모 속에 초강력 기능을 갖추고 있다. 예를 들어 인공지능(AI) 기술을 통해 아동과 음성으로 소통할 수 있고, 풍부한 지식을 전달할 수 있어서 어린이들은 이러한 즐거운 교류를 통해 다양한 기초지식을 배울 수 있다.

1. 귀여운 외관

바디는 동글동글하고 귀엽게 생겼다. 상반부에는 24센티미터의 스크린과 5개의 터치 포인트가 있다. 스크린 뒷면에 달린 스피커는 하이파이 3D 서라운드 수준의 음향 효과를 내기 때문에 아동에게 훌륭한 음성 경험을 제공할 수 있다. 스크린 윗부분에는 HD 웹캠이 달려 있어 사진 촬영, 영상 통화 등이 가능하다. 또 VR/AR 기능을 사용할 때도 이 웹캠을 이용한다.

바디의 하반부는 동글동글한 받침대로 되어 있는데 이 받침대는 360도 회전이 가능하다. 스크린 역시 35도까지 방향 조절이 가능하기 때문에 아동의 시야를 더 넓혀준다. 바디의 머리와 몸통은 이 흰색 받침대와 검정색 스크린으로 주로 구성되어 있다. 또 스크린 아래쪽에 위치한 로고는 마치 바디의 입처럼 생겨서 귀여움을 한층 더한다. 바디의 구체적인 모습은 그림 5-2와 같다.

2. 풍부한 지식

어린이가 아무렇게나 고시(古詩)의 한 구절을 읽으면 바디는 그 즉시 다음 구절을 읊을 수 있다. 어린이가 어떤 이야기를 듣고 싶으면 그냥

그림 5-2 360 아동용 로봇 바디

가로 길이
236mm

높이 321mm

"재미있는 얘기해줘"라고 말하면 된다. 그러면 바디는 탑재된 이야기 들려주기 기능을 작동한다. 일기예보와 같은 생활상식 질문의 경우도 척척 대답할 수 있다.

바디에는 '360 아동 OS시스템'이 적용되어 있다. 이는 360그룹이 아동용으로 개발한 전용 시스템으로, 어린이들은 이 시스템을 이용해 내장된 동요, 이야기 등을 선택해서 들을 수 있다. 또 동영상 시청, 동영상 녹화 등의 기능도 있다. 또 한자 배우기, 영어 공부, 그림책 읽기 등 다양한 학습 콘텐츠도 지원한다.

물론 부족한 점도 있다. 가령 유명하지 않은 시는 잘 인식하지 못한다. 이는 바디가 앞으로 더 개선되고 향상되어야 할 부분이다.

3. 강력한 쌍방향 교류 시스템

바디에는 강력한 스마트 음성 시스템이 적용되어 있다. 받침대에 달린 전방위 스피커를 통해 아동의 목소리를 수집하고 이에 반응할 수 있다. 어린이가 "바디야 안녕?"이라고 말하면 바디도 즉시 대화를 시작한다. 웹캠으로 얼굴을 인식하는 기술을 이용해 바디는 예전에 이미 학습해둔 가족 구성원을 인식할 수 있고, 각각의 신분에 맞는 맞춤형 인사를 한다. 이런 식으로 재미있는 쌍방향 교류가 이루어진다.

이밖에 바디는 VR/AR 학습기능을 탑재하고 있기 때문에 가상현실 학습이 가능하며, 어린이는 이 기능을 이용해 즐겁게 공부할 수 있다. 바디에 탑재된 VR/AR 앱은 '영어 공부'와 '그림 공부' 두 종류다. '영어 공부'의 경우, 바디가 어떤 그림에 따라 아동이 VR/AR 패드 위에 글자 카드를 조합해 주어진 문제에 맞는 단어를 완성하도록 한다. 이런 식으로 어린이와 바디 사이에 쌍방향 교류가 이루어지고, 어린이의 실행능력을 훈련할 수 있다. '그림 공부'의 경우, 웹캠을 이용해 다양한 그림 그리기 모듈을 제공하기 때문에 색칠 연습장을 구입할 필요가 없다.

이외에도 바디에게는 'K 스토리(K故事)'라는 특별한 기능이 있다. 부모는 자녀에게 들려주고 싶은 이야기가 있을 때 'K 스토리' 화면에 사전 녹화한 뒤 바디의 시스템으로 전송하기만 하면 된다. 그러면 자녀는 '360 아동OS시스템'에서 엄마 아빠가 읽어주는 이야기를 들을 수 있다. 어린이들은 부모가 직접 읽어주는 이야기를 더욱 좋아한다. 이 기능도 바디의 독특한 기능 중의 하나다.

오늘날 영유아교육 로봇 시장은 점점 활성화되고 있다. 바디의 판매 가격은 동종 제품보다 비싸지 않다. 더욱이 스마트 음성 시스템과 강력한 지식 데이터베이스를 탑재하고 있어서 부모가 곁에 없어도 어린이와 함께 놀아줄 수 있다. 어린이는 바디와 함께 하면서 외로움을 해소하고, 즐겁게 기초지식도 배울 수 있다.

물론 바디에게도 부족한 점이 있다. 예를 들어 안면인식 성공률이 높지 않다. 음성인식의 경우 어린이가 너무 빠르게 말하면 인식에 실패할 때도 많다. 또 주변 환경이 시끄럽다면 아동의 음성을 수집하는 전방위 마이크에 불필요한 소리가 섞여 들어가 엉뚱하게 음성인식을 하는 경우도 발생한다. 그럼에도 바디는 다양한 기능을 탑재한 우수한 영유아교육 로봇이다. 앞으로 인공지능(AI) 기술이 더 발전하면 바디는 아동에게 더 뛰어난 경험을 제공하게 될 것이다.

영유아교육 로봇 바바텅 :
부모와 자녀의 원격 감정 교류를 실현하다

자녀교육에서 일부 아빠들은 일에 더 많은 시간과 노력을 쏟아야 해서 자녀의 성장을 함께해주지 못할 때가 많다. 많은 아빠가 아이와 함께하지 못하는 상황을 마음 아파하고 안타까워 한다. 아빠들도 가능하다면 어떻게든 아이들과 함께 놀아주고 아이들이 커가는 과정을 함께하기를 원한다.

수요가 있는 곳에는 언제나 비즈니스 기회가 있기 마련이다. 아빠들의 이런 니즈를 반영한 '부모-자녀 교육' 콘셉트의 영유아교육 로봇이 점점 일상생활에 등장하고 있다. 바바텅 영유아교육 로봇이 바로 그중에서 선구자라고 할 수 있다. 이 로봇에는 '부모-자녀 교육'과 '부모-자녀 원격 감정 교류' 기능이 있다. 핸드폰 앱과 연동해 사용할 수 있는 이 로봇은 실시간 쌍방향 메시지 남기기, 실시간 대화 등의 기능을 제공한다. 아빠들도 이 로봇을 이용해 자녀와 대화도 할 수 있고, 자녀에게 재미있는 이야기를 들려줄 수도 있어 아빠와 자녀 사이의 감정의 교류가 효과적으로 늘어난다.

바바텅 영유아교육 로봇은 중국의 하이테크 기업인 AGPC(鑫益嘉, 신이자)가 개발했으며, '아빠의 사랑 돌려주기'가 이 제품을 개발한 기본 취지다. 바바텅 로봇은 인간과 로봇의 대화, 자연스러운 상호교류를 실현했다. 또한 인공지능(AI)을 기반으로 방대한 지식 데이터베이스를 탑재한 스마트로봇이기 때문에 아이들과 놀아주면서 다양한 지식을 전달할 수 있다.

바바텅 로봇의 상호 교류 능력은 매우 뛰어나다. '부모-자녀 교육' 기능에 담겨 있는 지식 콘텐츠 역시 매우 풍부하다. 어린이들에게 인기 있는 '읽어주는 그림책' 시리즈물뿐만 아니라 각종 동요, 시(詩), 과학 대중서, 역사, 수학 등 다양한 학습 콘텐츠가 갖춰져 있다. 이런 풍부한 콘텐츠 제공 능력 덕분에 어린이에게 더 많은 지식을 설명해줄 수 있고 공부에 대한 흥미를 길러줄 수 있다.

바바텅 로봇의 외관을 보면 몸의 대부분은 흰색이고 상단에는 마치 눈가리개를 닮은 검정색 스크린이 있으며, 그 안에는 LED 등이

있어서 다양한 표정을 보여줄 수 있

그림 5-3 바바텅 로봇의 외관

다. 외모가 귀엽다고 해서 적용된
과학기술 수준이 떨어지는 것은 결
코 아니다. 머리 부분의 양 끝에는
밝게 빛이 나는 귀가 달려 있어서
귀여움을 더한다. 몸통의 아랫부분
에는 회색 버튼이 달려 있어 손으로
직접 누를 수 있다. 정수리 부분에
는 빠른 상호교류를 위한 버튼이 달려 있다. 전체 모습은 그림 5-3과
같다.

바바텅 로봇의 디자인은 매우 섬세하고 정교하다. 심플한 은색 띠
가 스크린을 한 바퀴 휘감고 있는 조형은 이 로봇의 미적 감각을 더
한다. 입술 아래쪽에는 마이크 구멍이 있어서 소리를 수집할 수 있
다. 바바텅 로봇은 어린이가 내뱉는 소리를 듣고 이해한 뒤 적절한
반응을 보일 수 있다. 예를 들어 "재미있는 얘기해줘" 또는 "노래 불
러줘"와 같은 소리를 감지한 로봇은 즉시 이야기를 들려주거나 노래
를 불러줄 수 있다. 만약 어린이가 구체적인 애니메이션이나 그림책
의 이름을 말하면, 로봇은 그에 해당하는 자료를 신속하게 찾아서 틀
어준다.

바바텅 로봇의 배 부분에 달린 버튼은 다양한 기능을 제공한다. 예
를 들면 플레이, 메시지 남기기, 앞 노래/다음 노래, 볼륨 UP/DOWN,
저장하기, 메뉴 등이다.

바바텅 로봇의 뒷면에는 '바바텅'이라는 글자가 표기되어 있고 아래쪽에는 둥근 스피커 구멍이 있다. 이를 통해 어린이의 청력에 손상을 주지 않는 한도 내에서 볼륨을 더 키울 수 있다(그림 5-4 참조).

그림 5-4 바바텅 영유아교육 로봇의 뒷면

바바텅 로봇의 발바닥에는 여러 플러그와 스위치가 달려 있다. 한쪽 발에는 마이크로 USB 충전 플러그와 TF카드를 꼽을 수 있는 플러그가 있고, 다른 쪽 발에는 로봇을 켜거나 끌 수 있는 파란색 스위치가 달려 있다. 충전하는 동안에는 로봇을 사용할 수 없다. 이렇게 설계한 목적은 감전 등 안전사고를 예방하기 위해서다.

바바텅 로봇의 '부모-자녀 교육 기능'과 '부모-자녀 원격 감정 교류' 기능 등은 핸드폰과의 연동을 통해 기능을 강화했다. 가령 핸드폰 앱인 '타오 클라우드 쌍방향 교류(淘雲互動)'와 연동하면 바바텅 로봇은 쌍방향 메시지 남기기 기능을 지원할 수 있다. 어린이가 바바텅 로봇에서 메시지를 남기면 부모는 핸드폰 앱에서 이 메시지를 받을 수 있는 것이다. 또 바바텅 로봇을 켜자마자 핸드폰 앱에서

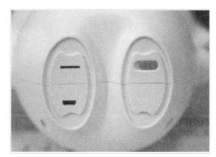

그림 5-5 바바텅 영유아교육 로봇의 발바닥

발송한 메시지를 자동으로 수신하는 기능도 있다.

'타오 클라우드 쌍방향 교류' 앱에서는 단톡방을 개설할 수 있어 어린이의 부모들이 여기에 참여할 수 있다. 부모들은 바바텅 로봇 앞에 있는 자녀와 음성으로 대화할 수 있다. 또한 이 앱에는 다양한 이야기 들려주기, 어린이용 음악 들려주기 기능도 있다. 하지만 현재 '타오 클라우드 쌍방향 교류' 앱은 아직 개선할 점이 많다. 가령 어린이를 위한 이야기, 음악 등은 핸드폰에만 저장할 수 있으며, 아직은 바바텅 로봇으로 발송해 어린이에게 틀어주며 쌍방향 교류를 하는 기능은 없다.

바바텅 로봇은 귀여운 외모와 심플하고 산뜻한 디자인으로 사랑받고 있다. 무엇보다 음성 기능, 인간-로봇 쌍방향 교류 기능이 뛰어나고, 단순한 조작법, 높은 음성인식률, 풍부한 데이터베이스, 우수한 실용성 등도 큰 장점이다.

부모-자녀 원격 감정 교류 기능, 부모-자녀 교육 기능 등을 갖춘 바바텅 로봇 덕분에 아이들은 부모의 관심과 사랑을 더 깊게 느낄 수 있게 되었다.

푸딩빈큐 : 과학적이고 재미난 방식으로 부모 교육을 대신하다

영유아교육은 아동의 성장에 매우 큰 영향을 미친다는 사실이 다양한 사례를 통해 입증되고 있으며, 젊은 부모들 역시 자녀의 조기교육을 매우 중요하게 생각한다. 그런데 어린이는 원래 자유롭게 돌아다니고 노는 것을 좋아하기 때문에 어른들처럼 조용히 공부에 집중하게 하기가 매우 어렵다. 아동의 이런 습성을 겨냥해 교육시장에서는 다양한 영유아교육 기능을 갖춘 스마트로봇이 출시되고 있다.

예를 들어 온라인 쇼핑몰을 보면 아동용 스마트로봇을 많이 볼 수 있다. 그런데 그 제품들 대부분이 아동과 함께 놀아주고 또 그들에게 친구가 생겼다는 느낌을 주지 못한다. 또 대다수 스마트로봇이 아동에게 지식을 전달하는 기능을 제공하지만, 이 지식을 체계적으로 전달하지는 못하고 있는 실정이다.

중국의 인텔리전트 스튜어드(Intelligent Steward, 智能管家) 하이테크 주식회사는 스마트로봇을 아이들의 친구로 바꾸고 체계적으로 지식을 전달할 수 있도록 만들겠다는 목표로 감정을 가진 로봇 제작 계획을 세우고, 이를 위해 최첨단 인공지능(AI) 기술과 풍부한 교육자원을 결합했다. 이렇게 해서 탄생한 영유아교육 로봇이 바로 '푸딩빈큐(Pudding BeanQ, 布丁豆豆)'다.

푸딩빈큐는 시스템화된 교육 콘텐츠를 내장하고 있어서 아동에게 양질의 영유아교육을 제공할 수 있다. 스마트 음성 쌍방향 교류 시스템과 다중지능이론을 적용한 영유아교육 등의 방식을 통해 아동에게 적극적인 지식 탐구와 자발적인 지식 습득을 유도하고, 편안하고 즐거운 분위기 속에서 지식을 얻을 수 있도록 한다.

맞벌이 가정의 아동은 관심과 돌봄의 부족에 놓이기 쉽다. 이런 부모들이 자녀와 더 잘 소통할 수 있도록 돕기 위해, 푸딩빈큐 영유아교육 로봇은 '원격 동영상 기능'을 지원해 부모가 회사에서도 핸드폰을 통해 자녀와 교류할 수 있도록 했다. 가령 어린이가 엄마 아빠를 보고 싶을 때, 푸딩빈큐 로봇을 이용해 부모와 대화할 수 있다.

푸딩빈큐 영유아교육 로봇은 외관이 동글동글하고 귀여우며, 또 손으로 잡았을 때 편안함을 주기 때문에 어린이들이 매우 좋아한다. 푸딩빈큐 로봇의 몸에 달린 충전용 플러그는 누전 방지 처리가 되어 있어서 안전성을 높였다.

사실 푸딩빈큐가 어린이들에게 사랑받는 친구가 될 수 있었던 비결은 바로 지능화된 설계 덕분에 인간의 실제 행동양식을 비슷하게 모방할 수 있기 때문이다. 심지어 푸딩빈큐는 인간의 감정도 모방할 수 있어서 다양한 표현을 통해 어린이와 교류할 수 있다. 예를 들어 어린이가 푸딩빈큐를 끌어안으면 이 로봇은 웃음소리를 내거나 부르르 떨어서 기쁜 감정을 표현한다. 이런 식으로 어린이는 '꼬마 친구'와 함께 놀면서 자유롭고 편안한 분위기 속에서 이 세상의 즐거움을 하나씩 찾아나갈 수 있다.

뿐만 아니라 푸딩빈큐에 내장된 R-KIDS 스마트 음성시스템은 아동의 음성을 신속하게 식별하고 정교하게 대답을 한다. 또 아동이 자라면서 어휘량이 늘면 푸딩빈큐는 그에 맞춰 교육내용과 수준도 높여서 어린이가 스스로 생각할 수 있는 힘을 길러준다.

푸딩빈큐는 시스템화된 교육콘텐츠와 방대한 지식 데이터베이스를 갖춘 영유아교육 로봇이다. 이는 인공지능(AI)의 쌍방향 교류 기술과 이중 언어 대화, 게임과 놀이 등을 융합함으로써 배우기, 연습하기, 놀이하기, 듣기, 확장하기의 각 세부 영역에서 어린이의 학습욕구를 유발

그림 5-6 푸딩빈큐 영유아교육 로봇

하고, 나아가 아동이 게임을 통해 공부의 즐거움을 느끼도록 이끈다.

푸딩빈큐는 다양한 상황에서 영어를 배울 수 있는 스마트 영어 교육 시스템을 내장하고 있으며, 여기에는 26가지 재미있는 영어 주제, 182가지 실용 커리큘럼, 50세트의 그림책이 포함되어 있다. 또 개발사인 인텔리전트 스튜어드는 중국 최대의 교육기업 신둥팡 그룹 산하의 어린이 교육 브랜드 '쿠쉐둬나(酷學多納)' 등의 플랫폼과 협력하여 딥러닝 매트릭스를 개발했는데, 이는 어린이들에게 마치 실제 그곳에 있는 듯한 현장감을 경험하게 해준다. 또 푸딩빈큐가 제공하는 스마트 영어 도우미 기능을 이용하면 언제든지 현지 영어권 국가에 온 듯한 네이티브 영어 환경을 조성해준다. 이밖에 푸딩빈큐는 어린이의 학습 진행 상황을 기록하고, '기억곡선'을 토대로 아동의 복습을 도와주기도 한다.

아동의 성장 과정에서 부모의 돌봄은 무엇보다 중요하다. 사실 자녀와 함께 시간을 보내는 데는 형식이나 장소는 크게 문제되지 않는다. 부모가 약간의 시간만 낸다면 언제든지 자녀를 더 잘 돌봐주고 함께할 수 있다. 푸딩빈큐는 가장 전문적이고 재미있는 방식으로 어린이를 교육하며, 그들을 데리고 주변의 세계를 탐험한다. 또 부모와 자녀 사이에서 훌륭한 소통의 다리 역할을 한다. 푸딩빈큐를 이용해 부모는 자녀가 곁에 없어도 자녀와 소통할 수 있고, 자녀와 함께 놀아주고 같이 공부할 수 있다. 자녀들은 이런 부모의 돌봄 속에서 더 건강하게 자랄 수 있다.

제6장

○

스마트교육을 통해 완전히 새로운 초중고 교육이 온다

각종 첨단기술이 급속도로 발전하면서 교육의 지능화 역시 미래 발전의 큰 흐름으로 자리 잡았다. 스마트교육은 교육 분야 전반에 큰 영향을 끼칠 것이고, 특히 인공지능(AI)의 발전은 초·중·고 교육에 커다란 영향을 미치고 있다.

첫째, 인공지능(AI) 과목이 신규 과목으로 초·중·고 교육 과정에 정식으로 편입되고 있다. 둘째, 인공지능(AI) 기술의 발전은 초·중·고 교육용 로봇의 혁신을 이끌고 있다.

인공지능(AI)과 초·중·고 교육

인공지능(AI)의 급속한 발전은 향후 지금보다 훨씬 더 지능화된 시대가 펼쳐질 것임을 예고하고 있다. 따라서 인공지능(AI)의 발전을 위한 튼튼한 기반 마련이 시급한 과제가 되었다. 이런 상황에서 신규 학문인 인공지능(AI)은 초·중·고 교육 과정에 포함되고, 인공지능화된 초·중·고 교육 역시 미래 교육 발전의 주요 흐름으로 자리 잡을 전망이다.

초·중·고 인공지능 교육의 목적

인공지능 시대가 열리며 교육기관들은 인공지능(AI)이라는 신규 학문에 지대한 관심을 쏟게 되었다. 국가적 차원에서도 초·중·고 인공지능 교육의 목표를 '인공지능(AI) 관련 과목 개설, 코딩교육의 점진적 확대, 인공지능(AI) 학과 개설, 융합형 인재 양성에 두고 있다.

인공지능(AI)에 대한 연구 및 학습은 인공지능(AI) 기술의 지속적인 발전을 위한 튼튼한 기반이다. 현시점에서 볼 때 인공지능(AI)의 연구 방향은 다음의 5가지다.

(1) 인지과학: 자연언어 이해, 컴퓨터 비전 등

(2) 연산 및 추리

(3) 머신러닝

(4) 센서 및 제어

(5) 게임 및 윤리

인공지능(AI)의 연구 방향을 토대로 초·중·고 인공지능 교육의 목적을 다음 6가지로 세분화할 수 있다.

(1) 학생들에게 인공지능(AI)이 무엇인지 이해시키고, 인공지능(AI)의 응용 방향, 실현 원리 등을 이해시킨다.

(2) 학생들에게 컴퓨터와 코딩 관련 기초지식을 가르쳐서 후속 학습을 위한 기초를 쌓게 한다.

(3) 학생들에게 센서, 제어 관련 지식을 가르쳐서 인공지능(AI) 공학을 체험하게 한다.

(4) 학생들에게 인공지능(AI) 알고리즘을 가르치고 이를 이용해 인공지능(AI) 관련 문제의 해결 능력을 길러준다.

(5) 학생들의 창의력, 지식 활용 능력, 소통 및 팀워크 능력을 배양한다.

(6) 학생들의 연산 사고력과 공학 사고력을 배양한다.

결론적으로 초·중·고 인공지능 교육의 목적은 학생들에게 컴퓨터와 코딩 관련 기초지식을 가르치고, 컴퓨터 및 혁신에 관한 마인드를 길러주어, 향후 인공지능(AI) 분야에서 공부하거나 일을 할 수 있는 토대를 마련해주는 것이다.

초 · 중 · 고 인공지능 교육의 현 상황

수많은 기업과 교육기관들이 초 · 중 · 고 인공지능 교육을 위한 분야에 뛰어들고 있다. 그 결과 '인공지능(AI) 수업 시스템', '인공지능(AI) 스마트 교재' 등 많은 관련 제품이 등장했다. 이런 제품은 크게 두 가지 종류로 구분된다.

첫 번째 유형의 제품은 기존의 로봇 교육 시스템에 인공지능(AI) 교육 콘텐츠를 접목한 것으로, 표면적으로는 '인공지능(AI) 교육'으로 홍보하고 있지만 인공지능(AI) 교육 콘텐츠는 빈약한 편이다. 이런 유형의 제품의 콘텐츠는 기존 STEM 교육 시스템을 기반으로 하고 있기 때문에 로봇의 센서, 제어, 코딩 지식이 대부분을 차지한다. 하지만 이런 내용은 인공지능(AI)과 그다지 큰 관련이 없고 내용 역시 깊이가 없다.

두 번째 유형의 제품은 인공지능(AI) 서적, 커리큘럼, 소프트웨어-하드웨어 제품이다. 이러한 유형의 제품은 인공지능(AI)이라는 콘셉트를 좀 더 잘 반영하고 있지만 문제는 너무 졸속으로 제작되었다는 점이다. 인공지능(AI) 교육 내용 자체가 워낙 방대하고 복잡하다 보니 이런 유형의 제품은 초 · 중 · 고 교육을 겨냥한 맞춤형 내용을 담지 못한 채, 생소하고 이해하기 까다로운 방대한 전문 지식을 학생들에게 주입하기에 급급하다. 그 결과 교육 과정에서 배울 내용은 많은데 학생들이 제대로 이해하기 어려워 교육효과가 크게 떨어진다.

제품의 품질 문제뿐 아니라 요즘의 초 · 중 · 고 인공지능 교육 제품에는 다음과 같은 문제점도 있다.

1. 현직 종사자의 인공지능(AI)에 대한 인식에도 오류가 있다.

업계 전문가나 교사 가운데 인공지능(AI)과 코딩언어(예를 들어 파이선)가 동일하다고 생각하는 사람이 많다. 물론 파이선은 우수한 코딩언어이고 정보처리 능력도 우수해서 인공지능(AI) 연구 분야에서 널리 활용된다. 하지만 파이선은 하나의 툴에 불과하며, 인공지능(AI) 학문의 내용과는 상당한 차이가 있다.

2. 제품 콘텐츠와 교육 현장의 괴리.

초·중·고 인공지능 교육 제품을 연구개발하는 주체는 대부분 하이테크 기업이다. 또 커리큘럼과 교과서를 만드는 사람 역시 제품을 연구개발하는 엔지니어들이다. 그러다보니 이 제품들은 학교 교육현장에서 실제로 어떤 방식으로 교육될지에 대한 고려가 부족하다. 즉, 제품의 콘텐츠와 교육현장의 괴리가 발생하는 것이다.

3. 제품의 동질화 현상.

제품의 동질화 현상은 수많은 초·중·고 인공지능 교육 제품에서 공통적으로 발생한다. 기업의 연구개발 능력은 한계가 있기에 많은 기업은 동종업계 제품을 토대로 약간의 변화와 혁신을 가해 자신만의 제품을 만드는 경향이 있다. 그 결과 제품의 창의성이 결여되고 제품마다 비슷비슷해지는 현상이 나타난다.

이처럼 초·중·고 인공지능 교육은 아직 초기 단계여서 관련 교육제품의 품질이 높지 않은 편이다. 더욱이 초·중·고 교육을 위한 맞춤형 콘텐츠를 제공하지 못하고 있다. 그 결과 각 학년별 학생들의 학습 특징과 지적 수준을 제대로 겨냥하지 못하고 있다.

초·중·고 인공지능 교육의 방향

초·중·고 인공지능 교육은 어떤 식으로 추진하는 것이 바람직할까? 초·중·고 인공지능 교육 시스템을 설계할 때 적용해야 할 몇 가지 원칙이 있다. 첫째, 지식 콘텐츠는 과학적이고 전문적이어야 한다. 둘째, 교사는 지식 설명 못지않게 학습방법의 전달, 학생들의 능력 배양에도 심혈을 기울여야 한다. 셋째, 교사는 각 학생의 지식수준과 학습방법을 토대로 커리큘럼을 개설해야 한다.

인공지능(AI) 과목 수업을 진행하려면 먼저 수업의 과학성과 전문성을 갖춰야 한다. 교사가 학생들에게 전달하려는 지식은 반드시 근거가 있어야 하고, 검증을 통과한 것이어야 한다. 이를 위해서는 초·중·고 인공지능 교육 시스템에 인공지능(AI) 학문 아키텍처와 정확한 원리에 관한 지식이 반드시 포함되어야 한다.

초·중·고 단계의 학생들은 일반적으로 자율성이 높지 않아서 교사들은 학생들의 학습에 대한 흥미를 불러일으키기 위한 방안을 모색해야 한다. 가령 수업시간에 재미있는 이야기를 통해 흥미를 유발하고, 또 수업 시간당 다루는 내용이 너무 많지 않도록 적절히 조절해야 한다. 그래야만 학생들이 이를 자기 것으로 소화할 수 있다. 아울러 교사는 핵심 내용이 서로 연관되도록 설계하고, 교실 내에서 쌍방향 교류가 이루어질 수 있도록 재미있는 수업을 준비해야 학생들이 배운 지식을 더 잘 이해할 수 있다.

중고등학생이라면 수학이나 물리학의 기본 지식을 갖추고 있으므로 교사는 수업 내용을 준비할 때 학생들이 이미 배운 수학, 물리학 지식을 결합할 수 있도록 준비할 필요가 있다. 그러면 학생들은 인공지능(AI) 과목 지식을 더 깊이 있게 이해할 수 있다.

학생들의 창의력을 심어주기 위한 수업을 설계할 때, 교사들은 문제를 생각하고 이를 적용하는 연습 과정을 꼭 포함시켜야 한다. 가령 창의력 마인드맵, 조합법, 분해법 등 다양한 훈련을 적용하면 학생들이 창의력 마인드를 함양하고 창의력을 높일 수 있을 것이다.

초 · 중 · 고 인공지능 교육의 미래 전망

인공지능(AI)의 지속적인 발전과 국가 차원의 정책적 지원에 힘입어 향후 초 · 중 · 고 인공지능 교육 역시 빠르게 발전할 전망이다. 그렇다면 향후 초 · 중 · 고 인공지능 교육은 어떤 모습으로 발전해 있을까? 더욱 전문화, 다원화되는 방향으로 발전할 것이다.

초 · 중 · 고 인공지능 교육의 전문화는 기술 발전에 따른 필연적인 트렌드다. 인공지능(AI) 기술이 발전하고 인공지능 교육에 대한 인식이 더욱 확산되면 점점 더 많은 우수한 인공지능(AI) 교육 제품이 출현할 것이다.

초·중·고 인공지능 교육의 형식 또한 더욱 다원화될 것이다. 권위 있는 인공지능(AI) 대회들이 출범해 학생들의 학습성과를 검증하고 학습 욕구를 북돋울 것이다. 또 과학 대중서와 문학이 결합된 새로운 문학작품이 등장해 인공지능(AI)의 대중화를 선도할 것이다. 그리고 인터넷과 각종 뉴 미디어가 결합해 인공지능(AI)의 대중화를 위한 교육용 제품도 등장할 것이다.

현재 많은 초중고에서 인공지능(AI) 관련 커리큘럼을 개설하고 있으며, 이는 지속적으로 확산될 전망이다. 이런 가운데 초·중·고 인공지능 교육 관련 제품의 수준도 점점 높아지고 있으며, 학생들은 앞으로 더 우수한 인공지능(AI) 관련 교육을 받게 될 것이다.

학생들이 공부를 즐기도록 이끄는 초·중·고교육 로봇

스마트교육 시대에 초·중·고 교육은 더욱 심화 발전할 것이다. 인공지능(AI) 기술이 발전하면서 초·중·고교육 로봇 역시 발전의 황금기를 맞이하고 있다. 초·중·고교육 로봇은 인공지능(AI) 기술을 기반으로 일대일 교육, 맞춤형 교육을 실현하고 나아가 학생들의 학업 능력과 효율을 높여준다.

초·중·고교육 로봇은 학생들의 학습 흥미도 향상을 목적으로 개발된 로봇이다. 이는 학생들에게 예전과는 전혀 다른 새로운 학습 경험을 제공하고, 기존의 주입식 교육에서 쌍방향 교류형 학습으로 전환하도록 한다. 또한 수업을 기존의 교사에 의한 일방적인 설명의 형식에서 자기주도형 경험 위주 방식으로 전환하도록 한다. 이처럼 초·중·고교육 로봇은 초·중·고 교육을 더욱 풍성하고 다채롭게 바꿔놓을 것이다.

학생들에게 일대일 맞춤 학습 경험을 제공한다

학생들에게 공부의 흥미를 심어주려면 사실 일대일 맞춤형 수업만큼 좋은 것이 없다. 하지만 교육자원이 한정되어 있고 특히 우수한 교육자원은 편중되고 공유하기가 어려운 현 상황을 고려할 때 일대일 수업을 전면 확대 실시하는 것은 사실상 불가능하다. 그러나 인공지능(AI)과 교육을 융합하면 이런 교육자원의 불균형 문제를 해결하고, 나아가 더 많은 학생에게 더 좋은 학습 경험을 제공할 수 있다.

중국의 인공지능 기업 지네이션 스마트(GNATION, 國鎵智能)는 인공지능(AI) 기술을 융합한 초·중·고교육 로봇을 개발했다. 이 로봇은 유한한 교육자원을 합리적으로 배분할 뿐 아니라 학생들에게 전혀 새로운 교육 경험을 제공한다.

지네이션 스마트의 창업자 뤄샤오밍(羅曉明)은 이렇게 말했다.

"교육자원의 불평등이라는 상황을 개혁하기 위해서는 단순히 사람의 힘만으로는 부족하며 스마트제품을 도입해 다양한 상황과 환경에 활용해야 합니다. 우리가 개발한 이 로봇은 학생들이 공부 시간을 늘리도록 하지 않으면서도 오히려 학생들을 각종 방과 후 보충수업에서 완전히 해방시켜 학생들이 효율적으로 학습하도록 도울 것입니다."

초·중·고교육은 매우 특수한 분야로, '긴 기간', '매우 많은 사용자수', '고정수요'가 특징이다. 학부모들은 자녀에게 더 우수한 교육자원을 제공할 수만 있다면 집값이 비싼 학군으로 이사하는 것도 마다하지 않는다. 이렇게 치열한 우수 교육자원 쟁탈전이 벌어지는 현실을 감안할 때 맞춤형 교육의 실현은 쉽지 않아 보인다.

지네이션 스마트의 CEO 쑤진(蘇進)은 초·중·고교육 로봇에 관해 다음과 같이 말했다.

"단기간에 성적을 올리기 위한 맞춤형 교육을 추진하고, 모든 학생이 자신의 템포에 맞춰 학습계획을 추진하도록 하려면, 최상의 방법은 모든 학생에게 교사 한 명씩을 배치하는 것입니다. 하지만 이는 비현실적입니다. 그런데 초·중·고교육 로봇은 마치 학습 도우미와 같은 존재입니다. 이 로봇은 하드웨어와 인터넷 기술에서 센서의 감지기술을 축적함으로써 모든 학생이 지속적으로 자신의 학습방법을 향상시키고, 한정된 시간을 합리적으로 배분하여 학습의 효율을 높이도록 도와줍니다. 즉 교사와도 같고 친구와도 같은 존재라고 말할 수 있습니다."

초·중·고교육 로봇은 종합센서를 통해 학생들의 학습 현황(현재 배우는 내용에 대한 이해도 등) 및 학습 태도 관련 데이터를 지속적으로 수집한 뒤 이를 로봇 시스템의 백 오피스로 전송한다. 이는 학생의 향후 학습계획을 수립하는 데 활용된다. 이러한 로봇을 활용하면 학생들은 자신만의 맞춤형 공부방식을 갖게 되고, 자신에게 최적화된 맞춤형 예제가 지속적으로 공급되기 때문에 학습능력과 수준이 향상된다.

문제은행 유형의 소프트웨어(가령 핸드폰을 이용해 인터넷에서 문제 검색하기 등)를 이용해 공부한다면 공부의 집중력은 떨어지고 지식을 체계적으로 이해하는 데도 도움이 되지 않는다. 반면 초·중·고교육 로봇은 수집된 학생들의 학습 관련 데이터를 토대로 그들의 지식수준을 분석한 뒤 과학적이고 체계적인 방식으로 학습지도를 할 수 있다.

또한 학생이 공부를 하는 과정에 학생 관련 각종 데이터가 생성되는데, 초·중·고교육 로봇은 이 데이터를 수집한 뒤 이를 토대로 학생의 소양, 능력 등을 산출하고 이어서 최적화된 학습계획을 세워준다. 그 결과 학생의 전체적인 능력이 종합적으로 향상된다.

지네이션 스마트 측은 초·중·고교육 로봇의 연구개발을 위해 다양한 분야의 많은 전문가와 인재를 영입했다. 지네이션 스마트 R&D팀의 수석 연구개발 전문가인 장원성(張文生)은 중국 과학원 자동화소(所) 연구원, 중국 국가 클라우드 컴퓨팅 데이터 전문가팀 전문가, 중국 인공지능 학회 상임이사다. 또 인공지능(AI) 분야의 전문가들과 대학교수 등이 이 R&D팀에 대거 포진해 있다.

끝이 없는 배움의 길에 '재미'를 주입하다

초·중·고교육 로봇은 학생들의 지식 수준을 토대로 맞춤화, 체계화된 학습계획을 제공할 뿐만 아니라, 학생들에게 공부를 재미있게 만들어주어 학습 흥미도를 높여주는 역할도 한다. 배움은 끝이 없는 과정이기에 그 긴 망망대해를 건너가려면 재미라는 배를 타고 가야 한다. 초·중·고교육 로봇은 학생들에게 그런 역할을 제공한다. 더 재미있는 쌍방향 상호교류를 통해 더 효과적으로 지식을 배울 수 있도록 돕는다.

오늘날 다수의 초·중·고교육 로봇은 클라우드 데이터베이스를 채택하고 있어서 다양한 레벨의 교재를 동기화할 수 있고, 내용 역시 풍부하고 방대하다. 또 다양하고 게임화된 쌍방향 교류 방식을 채택하고 있어서 로봇과의 교류가 즉각적으로 이루어져 학생들의 학습 흥

그림 6-1 초·중·고교육 로봇이 활용될 수 있는 학습 분야

1 어문(국어) 공부

2 수학 공부

3 영어 공부

4 물리, 화학, 역사, 지리, 생물 공부

5 게임화된 공부

미도를 효과적으로 올려준다. 초·중·고교육 로봇은 다음 5가지 분야에서 활용될 수 있다.

1. 어문(국어) 공부

초·중·고교육 로봇은 막강한 데이터베이스를 갖고 있으며, 여기에는 전통문화 관련 거의 모든 유형의 내용이 망라되어 있다. 또 수많은 구(句), 절(節), 작문 지도 관련 내용도 포함되어 있다. 이밖에 초·중·고교육 로봇은 교과서 동기화를 할 수 있으며, 유명 스타 강사들의 수업도 대거 도입했다. 그래서 학생들은 어디에서든 스타 강사들의 학습지도를 받을 수 있다.

수업기능 면에서 초·중·고교육 로봇은 받아쓰기, 읽기 등이 가능하며, 이야기 들려주기, 작문 도와주기 기능이 있어서 교사나 학부모를 보조하는 학습 도우미 역할을 수행한다.

초·중·고교육 로봇은 창작 능력이 있어 하루에 수백 편의 글을 생성할 수 있다. 한마디로 그 어떤 교사들보다 창작 수량에 있어서 앞서는 '다작' 작가라고 할 수 있다. 이 로봇은 통계학 지식과 딥러닝 기술을 이용해 수천 자 분량의 글을 단 몇 초 만에 수백 자로 요약할 수 있다. 이런 능력 덕분에 초 · 중 · 고교육 로봇은 다양한 원고를 신속하게 자동분류한 뒤 이를 구조와 내용이 완정한 한 편의 텍스트로 만들 수 있다. 물론 이런 기능이 아직 완벽한 것은 결코 아니다.

초 · 중 · 고교육 로봇은 UGC(사용자 생성 콘텐츠)를 이용해 우수한 정보를 수집하는데, 이는 마치 '거인'의 어깨에 올라타 '생각'하는 것에 비유할 수 있다. 따라서 이렇게 제작된 텍스트의 품질은 비교적 우수하다. 하지만 교사들처럼 글쓰기 기법을 학생에게 전달할 수는 없다. 따라서 이런 기능은 주로 교사들의 수업 보조용으로 사용된다. 다시 말해 먼저 초 · 중 · 고교육 로봇이 한 편의 글을 쓰고, 이어서 교사가 퇴고를 하며, 마지막에 교사가 이 글에 적용된 기법이나 방법을 학생에게 가르치는 식이다.

2. 수학 공부

초 · 중 · 고교육 로봇은 교과서 동기화 수업을 진행할 수 있으며 예시, 스토리텔링 등의 방식을 통해 일상에서 벌어지는 현상을 수학 교육에 적용한다. 이렇게 수학 지식을 설명해주면 학생 입장에서는 이해하기가 쉽다. 초 · 중 · 고교육 로봇은 수학 공부 방법을 가르칠 때 생각의 방식, 생각의 각도, 생각의 구조 등 다양한 측면에서 설명해준다. 또한 로봇 자체에 방대한 양의 수업 자료가 내장되어 있어서 학생들은 자신의 니즈에 따라 체계적으로 학습할 수 있다.

3. 영어 공부

초 · 중 · 고교육 로봇은 로봇과의 영어 대화, 영어-모국어 상호 번역, 단어 공부, 회화 연습, 발음 연습, 교재 동기화 등 다양한 기능을 제공한다. 또 학생들은 초 · 중 · 고교육 로봇 앞에서 더 용감하게 영어 발음 연습을 하고 문법을 훈련할 수 있다. 이런 과정을 거치면서 영어 초보에서 유창하게 영어를 구사하는 단계로 나아갈 수 있다.

4. 물리, 화학, 역사, 지리, 생물 공부

초 · 중 · 고교육 로봇은 물리, 화학, 역사, 지리, 생물 등의 과목을 공부할 때도 도움을 줄 수 있다.

물리나 화학의 경우 실험 과정이 많은데 초 · 중 · 고교육 로봇을 이용해 시뮬레이션 실험을 할 수 있다. 더욱이 이 로봇은 다양한 현상을 생동감 있게 설명해주기 때문에 학습효과를 크게 높여준다.

역사나 지리의 경우, 초 · 중 · 고교육 로봇은 스마트 클라우드 데이터베이스를 통해 학생들에게 거대한 역사의 화폭을 펼쳐 보이고, 여기에 각종 그래픽, 더빙 효과 등을 동원해 생동감 있게 역사, 지리 과목 등을 설명해주기 때문에 학습 분위기를 더욱 고취할 수 있다.

생물 수업의 경우, 초 · 중 · 고교육 로봇은 다양한 생물 도감을 펼쳐 보여 수업에 도움을 준다.

5. 게임화된 공부

초·중·고교육 단계의 학생들은 지적 욕구와 호기심이 매우 왕성하며 게임을 무척 즐긴다. 초·중·고교육 로봇에 내장된 각종 학습 및 쌍방향 상호교류 기능은 게임과 융합될 수 있으며, 그 결과 다양하고 재미있는 지식 관문 게임 등을 만들어낸다. 이렇게 게임화된 학습은 학생들의 적극성을 이끌어내며 공부에 대한 흥미도를 높여준다.

초·중·고교육 로봇의 도움으로 학생들의 종합적인 능력과 적극성은 크게 향상된다. 이 로봇은 학생들의 흥미를 유발하고 사고력을 단련시키며 다가올 미래 세계를 맞이할 역량을 키워준다. 초·중·고교육 로봇은 학생들의 교내학습과 방과 후 학습 등을 더 다채롭고 내실 있게 만들어준다.

앞으로 초·중·고교육 로봇은 새로운 시대의 새로운 교육 도구가 될 것이다. 학생들은 기존의 딱딱하고 재미없는 공부에서 벗어나 학습의 재미를 경험하게 될 것이다.

수업이 기존의 주입식에서 체험형으로 바뀐다

초·중·고교육 로봇은 학생들에게 학습의 재미를 느끼게 해주고, 이 로봇의 지능화된 수업 모델은 학생들의 다양한 욕구를 충족시켜준다.

초·중·고교육 로봇은 단순히 교육기능을 갖춘 장난감이 아니며, 무미건조하고 딱딱한 교육 기자재는 더더욱 아니다. 인공지능(AI) 기반의 초·중·고교육 로봇은 프로젝트 설계, 개발 등 여러 방면의 활용성을 갖추고 있으며, 학생들은 로봇 프로젝트에 도전하는 과정에서 분석력과 지식 적용 능력을 키울 수 있다. 이는 기존의 주입식 교육을 체험형으로 한 단계 끌어올린 것이다. 학생들은 로봇 프로젝트에 참가함으로써 전자, 소프트웨어, 인공지능(AI) 등 하이테크 지식을 자연스럽게 습득하고, 이를 통해 하이테크 마인드를 키울 수 있다.

중국의 로봇기업 파트너X(未來伙伴機器人) 주식회사 산하의 브랜드인 '아빌릭스(Abilix, 能力風暴)'는 학생들에게 큰 인기를 끈 초·중·고교육 로봇 제품을 다수 출시했다. 예를 들어 나무 쌓기 로봇인 '크립톤(Krypton) 시리즈', 드론 등 비행 로봇인 '아이리스(Iris) 시리즈', 휴머노이드(Humanoid) 로봇인 '에베레스트 시리즈' 등 다양한 로봇 시리즈가 있다.

이러한 초·중·고교육 로봇은 종류가 매우 다양하지만 교육방식면에서는 본질적으로 동일하다. 즉, 학생들이 체험을 통해 자신만의 창의력을 키우도록 하는 것이다. 또한 로봇 유형에 따라 학생들이 느끼는 즐거움도 서로 다르다.

예를 들어 크립톤 시리즈 나무 쌓기 로봇은 6면에서 나무를 쌓는 시스템으로 거대한 상상력을 펼칠 수 있도록 설계되었다. 학생들은 여기에서 자신의 상상력을 동원해 비행기를 만들고, 에펠탑 등 창의력이 돋보이는 다양한 조형물을 만들 수 있다. 아이리스 시리즈의 비행 로봇은 안전성과 미끄러짐 및 쓰러짐 방지 성능이 탁월하고, 사진 촬영, 동영상 촬영 등 실용적인 기능도 갖추고 있다. 에베레스트 시리즈 휴머노이드 로봇은 고관절 스마트 모터가 장착되어 있어서 유연싱이 매우 뛰어나다.

아빌릭스가 출시한 이러한 초 · 중 · 고교육 로봇들은 기존의 주입식 교육을 체험형으로 전환하는 역할을 했다. 학생들은 자신이 직접 로봇을 만들거나 로봇의 도움으로 어떤 미션을 수행할 수 있다. 앞으로는 인공지능(AI) 기술이 더욱 발전하면서 초 · 중 · 고교육 로봇 역시 더 빠르게 발전할 것이다. 그때가 되면 초 · 중 · 고교육 로봇이 더 지능화된 체험형 학습 모델을 제공해 학생들이 더 즐겁고 효율적으로 지식을 습득할 수 있도록 도울 것이다.

초·중·고교육 로봇의 사례

현재 초·중·고교육 로봇 수준은 초기 단계이지만 하이테크 기업들이 꾸준히 진출하면서 업계 전체의 하이테크 기술력은 지속적으로 높아지고 있다. 그런 가운데 많은 기업이 자체적인 초·중·고교육 로봇을 개발해 시장에 출시하고 있다.

중국 위에장 하이테크의 창의력을 키워주는
경량형 스마트 로봇팔

스마트로봇 교육 솔루션 공급사인 중국의 위에장 하이테크(越疆科技)는 2019년 10월 연구개발한 다목적 경량형 스마트 로봇팔(robot arm)을 출시했다. 학생들은 이 제품이 제공하는 다양한 쌍방향 상호교류 방식과 호환 플러그를 이용해 창의성을 키울 수 있다. 위에장 하이테크는 경험이 풍부한 다수의 교육 전문가와 공동으로 PBL(project-based learning, 프로젝트 기반 학습)과 각 학년별 교과서 지침을 바탕으로 어린이용, 기초, 심화 등 다양한 레벨의 커리큘럼 체계를 마련했다. 이 스마트 로봇팔은 다음과 같은 3가지 장점을 갖고 있다.

그림 6-2 스마트 로봇팔의 장점

1. 준(準) 공업용 성능

스마트 로봇팔에는 감속기와 초정밀 스텝 모터(step motor)가 장착되어 있어서 관절의 정밀도를 효과적으로 높여주며, 몸체의 부피를 최대한 줄일 수 있다. 또한 스마트 로봇팔은 초정밀 절대형 자기 엔코더(absolute magnetic encoder)를 채택해 매우 정확한 위치 설정이 가능하다. 그 밖에 제품의 사용수명이 긴 편이며 핵심부품의 사용수명은 1,000 시수(時數) 이상이다.

2. 다양한 말단 부품, 장착 즉시 사용 가능

스마트 로봇팔의 신축 거리는 340mm이며, 주 제어판은 4의 자유도 (Degree of Freedom, DOF)를 가진다. 또한 말랑말랑한 재질의 손잡이와 필기구 집게 등의 말단 부품은 탈착식이어서 새 부품으로 갈아끼우면 즉시 사용이 가능하다. 대표적인 기능은 글씨 쓰기, 물건 집기, 운반하기 등이다.

3. 충돌 테스트 지원

위에장 하이테크는 협동로봇 기술을 이 스마트 로봇팔에 도입했다. 이 기술 덕분에 스마트 로봇팔은 충돌 테스트 기능을 지원하며 사용의 안전성을 보장한다. 또한 스마트 로봇팔에는 '손으로 잡고 지시하는' 기능이 있기 때문에 별도로 코딩할 필요 없이 손으로 스마트 로봇팔을 잡고 움직이기만 하면 로봇팔은 이 동작을 학습한 뒤 해당 동작을 반복적으로 수행할 수 있다.

위에장 하이테크는 이 로봇팔 설계에 제어 알고리즘, 미션 로직 코딩 등 독립된 두 개의 모듈을 도입했고, 매직박스(Magic Box)를 스마트 교육 로직 코딩의 캐리어로 삼았다. 독립적인 개방형 코딩 플랫폼인 매직박스는 센서 플러그, 통신 플러그, 전원 플러그 등 총 12개의 플러그를 지원하기 때문에 다른 센서 부품(광전 센서, 전송벨트 등)과 함께 다양한 교육환경에 사용될 수 있다.

이상 3가지 장점 이외에도 차별화된 포지셔닝을 통해 스마트 로봇팔은 큰 호응을 얻고 있다. 스마트 로봇팔은 세 모듈로 구성되었는데, 시각과 음성을 감지하는 센서 모듈, 매직박스의 결정 모듈, 파워박스(전원 박스)의 실행 모듈이다. 그 결과 스마트 로봇팔은 감지, 결정, 실행을 무한 반복할 수 있다. 이 제품의 포지셔닝은 각 학교에 인공지능(AI) 보급하기 및 이를 위한 플랫폼 지원이다.

위에장 하이테크의 창업자 류페이차오(劉培超)는 스마트 로봇팔을 개발한 가장 큰 목적은 학생들의 기술 수준을 높여주는 것은 물론, 나아가 이 제품을 직접 사용하는 과정을 통해 학생들이 공부에 대한 열정을 느끼고, 창의성과 팀워크를 기르는 것이라고 밝혔다. 이런 다양한 체험을 거쳐야 비로소 혁신적 사고를 갖출 수 있고, 또한 다가올 스마트시대에 맞는 인재로 성장할 수 있다는 것이 그의 생각이다.

일본 소니의 코딩 교육 로봇 쿠브(KOOV)

학창시절 누구나 다음과 같은 학생을 경험해 보았을 것이다. 평소에 공부하는 모습은 보기가 어려운데 시험만 보면 늘 최상위권을 유지한다. 항상 놀기만 하고 공부는 뒷전인 것 같은데 시험만 보면 늘 반에서 1등, 심지어 전교 1등이다. 그런 모습을 보면서 그 애는 타고난 천재인가라는 생각을 해 보았을 것이다.

그러나 그것은 그 학생이 천재이기 때문이 아니라 효과적인 학습법 덕분이다. 다시 말해, 논리적으로 생각하는 습관이 바로 고득점을 취득하기 위한 필수요건이다. 대부분 사람들의 지적 수준은 대개 비슷하다. 특히 겉으로는 별로 노력을 하지 않는 것처럼 보이는데 공부를 잘하는 우등생들은 후천적으로 논리적 사고 습관을 익힌 경우가 대부분이다. 그 결과 노력은 적게 하면서도 학습효과는 매우 뛰어난 것이다.

요즘 대부분의 학부모들은 자녀를 각종 학원에 보내거나 과외를 시킨다. 하지만 많은 경우 성적은 제자리걸음이거나 큰 효과를 보지 못한다. 그 이유 중의 하나는 학생들이 과학적인 사고 논리를 습득하지 못했기 때문이다. 학생의 성장에 있어서 공부의 재미와 논리적 사고력을 키우는 것은 매우 중요하다.

초 · 중 · 고교육 로봇의 대명사라고 할 수 있는 소니의 쿠브(KOOV Educator Kit)는 학생들의 논리적 사고력 향상에 특화되어 개발되었다. 소니는 쿠브를 '코딩 교육 로봇'이라고 정의했다. 쿠브는 코딩 교육을 통해 학생들의 흥미를 유발하고 학생들이 직접 체험하고 이를 통해 코딩 능력, 논리적 사고력을 배양할 수 있도록 하는 스마트 로봇이다.

코딩은 인공지능(AI)의 기초다. 코딩에 필요한 사고력은 차세대 인재들이 필수적으로 갖춰야 할 소양 중의 하나다. 쿠브에는 다양한 전자 부품이 조합되어 있으며, 학생들은 코딩을 통해 쿠브를 작동시킬 수 있다. 이렇게 로봇을 제작하고, 로봇에게 '지능'을 부여하는 과정을 통해 학생들은 재미를 느끼게 되고, 능동적으로 코딩 지식을 배울 수 있게 된다.

로봇 조립은 결코 단순한 과정이 아니며, 이를 위해서는 최대한의 상상력과 사고력을 발휘해야 한다. 즉 로봇을 조립하는 과정에서 학생들은 공간 상상력과 실행 능력을 키울 수 있다. 또한 로봇의 활동 관절을 설계하는 과정에서 설계 능력, 계획 능력을 연마할 수 있고, 프로그램을 편집하면서 논리적 사고력을 키울 수 있다. 다음의 귀여운 꼬마 거북이는 소니 쿠브로 조립한 로봇이다.

쿠브에서 제공하는 부품은 매우 다양하다. 다양한 색상의 반투명 마사(磨砂) 블록은 학생들의 호기심을 유발하며 예술 감각을 키워주기에 적합하다. 또 블록 색상이 전형적인 삼원색과 그의 보색 위주로 구

그림 6-3 소니 쿠브를 이용해 조립한 거북이 로봇

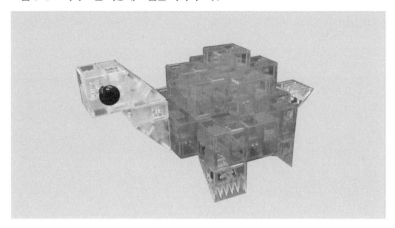

성되어 있어서 색상의 원리 등을 이해시키기에 적합하다. 또 조립이 가능한 육면체 블록은 다양한 기능을 제공한다. 학생들은 이 블록을 조립하는 과정에서 창의성을 키울 수 있고 나아가 물체의 구조, 시각과 촉각에 대한 인식을 심화할 수 있다. 제어보드는 미리 설정된 프로그램에 따라 모든 전자 부품(가령 직류전기 기계, LED 램프, 버저, 감광 센서 등)을 제어한다. 따라서 학생들은 코딩 과정을 통해 자신의 상상력을 발휘할 수 있다.

그렇다면 조립이 다 끝난 로봇은 어떻게 작동되는 것일까? 사실 쿠브의 코딩은 전통적 의미의 소스 코딩이 아니다. 단지 명령을 일정한 논리적 순서에 따라 배열한 것으로, 정해진 명령을 하나씩 끌어다 빈칸에 채워넣으면 완성되는 시스템이다. 가령 빈칸에 '제어', '동작', '연산 부호', '변수' 등의 주어진 명령어를 가져다 채워넣기만 하면 로봇은 작동할 수 있게 되어 있다. 물론 이를 수행하려면 논리적으로 빈 칸을 채워나가야 한다. 그렇지 않으면 로봇은 움직이지 않는다. 즉 학생들은 코딩을 하고 로봇을 움직이게 만드는 과정을 통해 자신의 논리력이 정확한지의 여부를 스스로 테스트할 수 있고, 계속해서 시도하는 과정을 통해 자신의 코딩을 완성해나가는 것이다.

이밖에 쿠브의 설명서는 보통의 제품과 달리 e-book 형태로 되어 있다. 설명서에는 각 블록 부품의 역할이 상세히 설명되어 있고, 로봇 조립 과정이 3D로 시연되어 있다. 마우스로 드래그해서 확대하고 축소하기, 모형 360도 회전시켜 보여주기 등의 방식을 통해 조립 과정을 생동감 있게 보여준다. 모든 절차는 아주 상세하고 자세히 설명되어 있어 누구나 금방 이해하고 쉽게 따라 할 수 있다.

또 쿠브 소프트웨어 플랫폼에는 '혁신공방', '로봇 놀이공원', '진급교실' 등 다양한 기능이 있다. 특히 '혁신공방'은 각국의 쿠브 사용자들이 모이는 공간이다. 사람들은 이 플랫폼에서 자신의 창의성을 보여줄 수 있다. 또 어려운 문제나 신기한 아이디어가 있는 경우, 이 혁신공방에서 다른 사용자들과 공유할 수 있다.

이와 같이 쿠브는 기능이 매우 실용적이며 엔터테인먼트 요소가 농후해서 교육용으로 매우 적합하며, 학생들에게 코딩의 기초를 가르치는 우수한 교사다.

제7장

○

스마트교육이 전인교육
시대를 이끈다

인공지능(AI) 기술의 발전은 전인교육의 발전을 뒷받침하고 있다. 스마트교육 시대를 맞이하여 종합적 능력을 갖춘 통합형 인재 양성 교육은 앞으로 비약적인 발전을 맞이할 것이다.

입시교육과 달리 전인교육은 학생들의 인문적 소양과 창의성을 골고루 향상시키는 데 중점을 둔다. 전인교육은 대인관계 능력, 예술적 소양 등 종합적인 능력을 배양해 인문 및 과학 소양 향상을 통해 학생들의 균형 있는 성장을 돕는다.

진정한 전인교육의 시대가 열린다

전인교육은 이미 미래 교육의 주요 발전 방향으로 자리 잡았다. 시장과 수요의 확대, 막대한 자금 유입, 메이저 교육업체의 연구개발 등 덕분에 전인교육은 전례 없는 발전을 맞이했다. 특히 인공지능(AI) 기술의 발전에 힘입어 전인교육은 더욱 지능화될 전망이다.

종합적 능력을 기르는 전인교육이 부상하고 있다

창업투자플랫폼(초기창업자와 엔젤투자자 등 관련 서비스를 제공하는 플랫폼)은 시장의 흐름을 보여주는 방향계다. 중국의 경우 2018년 전인교육 투자 건수는 150건을 넘어섰고, 그중 1억 위안(한화 180억 원) 이상의 대규모 투자가 적지 않았다. 이처럼 전인교육은 2018년을 기점으로 발전의 황금기를 맞이했으며 그 주요 원인은 다음과 같다.

첫째, 교육개혁이 현재 점진적으로 진행되는 과정에 있으며, 정부 차원의 정책적 지원, 교육재정 지원 등이 뒷받침되어 전인교육의 발전을 견인하고 있다.

정부가 발표한 다양한 정책에 따르면 전인교육의 전면 추진은 교육개혁의 중점 사항이라고 명시되어 있다. 전인교육 과목이 입시에서 차지하는 비중도 점점 높아지고 있고 예술, 체육, 정보화 등 과목이 입시 과목으로 편입되었다. 기존의 입시교육에서 중요한 비중을 차지했던 핵심 내용도 점점 변화하고 있다.

국가 차원에서 전인교육 분야에 대한 지출을 늘리고 있다. 중국의 경우 2018년 교육경비 지출이 4조 6,000억 위안(한화 850조 원) 이상이었다. 정책적 지원은 전인교육을 빠르게 개혁 및 발전시키기 위한 핵심 원동력이다.

둘째, 1990년대생 부모들이 점점 늘고 있다. 이들은 과학기술의 발전과 사회의 변화에 매우 민감한 세대로, 교육에 관심이 많고 무엇보다 자녀의 전인교육에 아낌없이 투자하려고 한다.

일반적으로 사람들은 소득이 높아질수록 문화소비도 늘리는 경향이 있다. 중국 국가통계국이 2019년 1월에 발표한 통계에 따르면 2018년도 중국의 일인당 가처분소득은 2만 8,228위안(한화 약 520만 원)으로 전년 대비 6.5% 증가했다. 같은 기간 교육 및 오락 분야에 대한 지출 역시 증가했다. 2018년도 중국의 일인당 교육, 문화, 오락 분야 지출은 2,226위안(한화 약 38만 원)으로 전년 대비 6.7% 늘어났다.

오늘날은 정보의 홍수라 불리는 인공지능(AI) 시대이며, 첨단기술을 겸비한 혁신형 인재야말로 이런 사회가 요구하는 인재상에 부합한다. 따라서 학생들의 지식과 능력을 함께 배양하는 전인교육이 점점 더 중요해지고 있다.

1990년대생 학부모는 이런 흐름에 큰 관심을 보이고 있다. 그들은 자녀에게 더 우수한 교육을 제공해 자녀의 성장을 도우려 한다. 그들 스스로 인터넷의 발전을 경험하며 성장한 세대이기 때문에 교육의 형식 측면에서 온라인교육을 더 선호하는 경향이 있다. 온라인교육은 공간의 제약을 뛰어넘어 도시에서 멀리 떨어진 벽지의 학생에게도 우수한 교육을 제공할 수 있다. 이런 요소들은 모두 전인교육의 확대 발전에 긍정적으로 작용한다.

셋째, 입시교육과 달리 전인교육은 학생들의 인문적 소양과 창의성을 골고루 향상시키는 데 중점을 둔다. 전인교육은 학생의 능력을 골고루 향상시키는 데 초점을 맞추기 때문에 진학에 대한 압박이 없는 상황이어야만 전인교육 제품이 더 쉽게 확산 보급될 수 있다. 입시교육과 달리 전인교육은 대인관계 능력, 예술적 소양 등 종합적인 능력을 배양해 인문 및 과학 소양 향상을 통해 학생들의 균형 있는 성장을 돕는다. 첨단기술의 발달로 지식의 확산과 공유가 빠르게 이루어지고, 사회가 다양화되면서 이전에 비해 좋은 대학에 진학해야 한다는 입시 압박이 줄어들고 있고, 직업에 대한 다양성도 크게 증가하고 있다. 이러한 사회적인 환경의 변화로 인해 개인의 소양을 계발하고 다변화하는 사회에 적응하기 위한 종합적인 능력의 배양이 점차 중시되고 있다.

정부의 정책지원 및 재정지원, 시장수요의 증가, 사회적 환경의 변화 등 다양한 요소에 힘입어 많은 기업이 전인교육 분야에 잇달아 뛰어들고 있다. 그리고 이 모든 요소는 다시 전인교육의 빠른 발전을 견인하고 있다. 전인교육은 점차 황금기에 들어서고 있다.

전인교육에 대한 투자의 증가

최근 들어 교육정책의 변화로 인해 전인교육이 교육 분야 발전의 새로운 방향, 새로운 돌파구가 되고 있다. 교육정책에 따라 교내 방과 후 서비스 시장은 더욱 개방되고 있으며, 전인교육은 학교와 더욱 긴밀한 관계를 갖게 되었다. 또 막대한 자본이 교육시장에 투자되면서 전인교육의 각 세부 영역도 함께 발전하고 있다.

중국의 경우 2018년은 전인교육 발전의 원년으로 불린다. 국민의 소비수준이 지속적으로 향상되면서 부모들은 자녀를 통합형 인재로 키우는 데 관심을 갖고 투자를 아끼지 않고 있다. 더욱이 인공지능(AI)의 발전이 교육업계에 많은 영향을 주었고, 이에 따라 거대한 시장 수요가 창출되자 교육 분야, 특히 전인교육 분야에 막대한 자본이 유입되고 있다.

중국 산업정보망이 2019년 7월에 발표한 통계에 따르면, 2018년부터 2019년 4월까지 전인교육 분야에 대한 투자는 총 167건, 투자 총액은 57억 700만 위안(한화 약 1조 원)이었다. 메이저 교육업체들은 전인교육의 각 세부 영역에서 이미 막대한 매출을 실현했다. 또 이 통계에 따르면 전인교육 분야에서 1억 위안(한화 180억) 이상의 투자 유치에 성공한 건수는 17건이었으며, 그중 STEAM 교육, 예술교육, 어린이 영어 등 분야에 투자가 집중되었고, 이밖에 생활소양에서의 전뇌개발 교육 분야에도 많은 투자금이 유입되었다.

정부의 정책지원, 막대한 투자, 국민 소비수준 향상 등의 요인으로 전인교육은 발전의 토대를 마련했다. 또 일부 교육 훈련 관련 기업들이 사업 영역을 확장해 전인교육 분야에 뛰어들 가능성도 있다. 따라서 앞으로 전인교육 분야에서의 경쟁은 나날이 치열해질 전망이다.

교육업체들의 활발한 전인교육 개발

전인교육은 미래 교육 분야의 발전 추세다. 향후 전인교육은 교육 분야에서 가장 중심분야가 될 것이다. 이에 따라 많은 교육업체들이 다양한 프로그램 개발에 뛰어들고 있다.

신둥팡 그룹의 창시자 위민훙(兪敏洪) 회장은 전인교육에 대해 다음과 같이 견해를 밝혔다.

"전인교육은 어떤 공리주의의 목표를 달성하기 위한 도구가 결코 아닙니다. 이는 한 개인의 종합적인 능력을 향상시키는 교육이며, 여기에는 도덕윤리, 문화소양, 개성의 발휘, 긍정적 마인드 함양, 팀워크 능력의 배양 등이 포함되며, 아울러 창의적 마인드, 문제해결 능력을 키워주는 것까지 포괄됩니다."

탈 에듀 그룹의 창업자 장방신 회장은 전인교육을 STEAM 교육의 차원에서 접근했다. 탈 에듀는 '바둑 사랑(愛棋道)', '상어 공원', '과학 팀 팀장', '아기 버스(寶寶巴士)' 등 다양한 전인교육 프로젝트에 투자했다.

STEAM 교육의 목표는 학생들에게 과학 인지 능력, 탐구 및 실행 능력, 글로벌 마인드 등을 길러주는 것이다. 과학 수업은 재미와 탐구,

발견이라는 3요소가 결합되어 학생들에게 체험과 직접 실행의 기회를 제공한다. 학생들은 실험하는 과정에서 실패에 직면하는 법을 배우고, 또 계속 시도하는 과정에서 사고력이 향상된다. 따라서 과학 과목은 학생들에게 과학지식을 전수할 뿐만 아니라 그들의 독자적인 사고 능력을 길러준다. 이는 학생들의 성장 과정에서 매우 중요하다.

이러한 교육을 통해 학생들은 앞으로의 사회가 요구하는 인재가 갖춰야 할 종합적인 소양, 창의성 등을 기르게 된다.

디지털 전환이 가속화되고 코로나 등의 영향으로 온라인 교육이 활기를 띠고 있는 가운데 온라인 일대일 교육 플랫폼은 소규모 클래스의 역할을 수행할 수 있다. 온라인 플랫폼은 전인교육 분야를 더 세분화하여 공략할 수 있는 역량을 갖추고 있다.

이런 세분화 공략은 온라인 플랫폼이 일정 규모로 성장한 뒤에 취할 수 있는 전략이다. 이는 시장에서 변혁하지 않은 온라인 플랫폼이 도태될 수 있으며, 전인교육 분야도 온라인 플랫폼들의 다양한 융합이 이루어질 것임을 의미한다.

전인교육은 미래에 필요한 인재를 길러낸다

인공지능(AI)이 교육 분야에 폭넓게 진입함에 따라 기존의 교육모델은 큰 변화를 보이고 있다. 일부는 스마트교육에 큰 기대를 걸고 있으며, 심지어 교육로봇이 인간 교사를 대체할 것으로 예측하기도 한다.

실제로 교육로봇의 장점이 매우 많다는 점을 감안한다면 교육로봇이 정말로 인간 교사를 대체할 수 있을까? 하지만 이런 예측이나 주장은 단편적이라 할 수 있다. 교육은 단순히 학생들에게 지식을 전수하는 것이 아니며, 사람을 기르는 역할은 교사들의 중요한 책무 중의 하나이기 때문이다. 교육로봇은 수업을 더욱 지능화할 수 있지만, '사람을 기르는 일'에서 교사를 대체할 수는 없다. 따라서 교육로봇은 교사의 조수로서 그들의 업무를 보조하는 존재다. 가령 탈 에듀는 '이중교사 수업 모델'에 인공지능(AI)을 적용했는데, 이때 교사의 업무는 '사람을 기르는 것'이 핵심이며 교육로봇의 역할은 수업의 보조수단으로서 교사의 업무를 돕는 것이다.

인공지능(AI)은 온라인교육과 전인교육의 융합을 촉진한다. 일대일 온라인교육과 교사의 맞춤형 수업 과정에서 방대한 데이터가 생성되는데, 빅데이터 분석 능력을 갖춘 교육로봇은 이 데이터를 빠르게 분석하고 통계를 내며, 이를 바탕으로 각 학생에게 맞춤형 학습 솔루션을 제공할 수 있다.

또 입시교육이 성적 등 학습 성과의 향상에만 중점을 둔 것과 달리 전인교육은 학생들의 학습능력과 인지능력 배양을 강조한다. 교육로봇은 교실 데이터의 시각화, 감정의 측정, 수업 상황의 추적, 숙제 자동 첨삭 등 장점이 매우 많아서 교사의 관리업무 및 학생들의 학습 효율 향상에 크게 기여할 수 있다.

장먼 일대일의 공동 창업자인 위텅(余騰)은 전인교육과 스마트교육에 대한 생각을 다음과 같이 밝혔다.

"더 많은 지역 학생들에게 우수한 온라인교육의 혜택을 제공하고,

또 인공지능(AI)을 도입해 수업 과정을 지능화해야 합니다. 이렇게 해야 학생들이 공부를 즐거워하고 학습효과도 상승하게 됩니다."

이처럼 교사와 학생 모두의 부담을 줄여주는 교육로봇은 전인교육의 장에서 좋은 도우미가 될 것이다.

또한 학생들의 종합적인 능력을 골고루 향상시켜야 한다는 교육 수요가 전인교육의 발전을 이끌고 있다. 전인교육은 단순한 슬로건에 그쳐서는 안 되며 더 많은 초중고교로 확산될 필요가 있다. 학생들은 제반 능력을 균형 있게 향상하고, 전인교육을 통해 학습능력과 창의력을 배양하고 향상해야 한다. 그래야 빠르게 변하는 시대의 발전 흐름을 따라갈 수 있고, 사회가 요구하는 혁신형 인재가 될 수 있다.

따라서 인공지능(AI)을 더욱 발전시켜 교육 분야에 접목하는 일은 모든 교육기관의 공통적인 관심사이자 과제가 되었다. 인공지능(AI)과 온라인교육의 융합은 커다란 가능성을 열어줄 것이며, 인공지능(AI)은 온라인교육과 전인교육의 광범위한 융합을 이끌 것이다. 인공지능(AI)은 맞춤형 교육의 발전에 매우 핵심적인 역할을 수행할 것이며, 인공지능(AI)이 전인교육 분야에 본격적으로 활용되면 대규모의 일대일 맞춤형 교육도 현실화된다. 전인교육과 인공지능(AI)의 이러한 광범위한 융합으로 인해 기존의 교육 이념은 재정립될 것이며, 교사들은 진정한 의미의 맞춤형 수업을 실현하고 이를 통해 학생들은 자신의 잠재력을 더 효과적으로 이끌어낼 수 있을 것이다.

공유, 편리, 공평, 지능화, 생동감을 핵심으로 하는
스마트 전인교육

전인교육은 처음 그 개념이 출현했을 때부터 기존의 입시교육과 끊임없이 경쟁해왔다. 실제로 학부모들 사이에서도 전인교육 찬성파와 입시교육 찬성파가 존재한다. 교육의 역할은 좋은 학교에 진학하도록 이끌어주는 것이라고 생각하는 부모가 매우 많은 것이 현실이다.

전인교육은 진학률의 압박을 가하지 않으며 즉각적인 교육 효과를 추구하지도 않는다. 그 대신 학생들의 인문적 소양과 종합적인 능력의 배양 및 향상에 중점을 둔다. 또 학생들에게 공부 과정에서 자신이 타고난 재능과 소질을 발굴하고 자신만의 관심분야를 키워나가는 것을 강조한다.

오늘날 교육 분야에 인공지능(AI)이 다양하게 활용되면서 학생들은 전혀 새로운 교육 경험을 할 수 있게 되었다. 또 인공지능(AI)으로 인해 전인교육은 급속도로 발전하고 있으며, 미래의 전인교육은 '스마트 전인교육'의 방향으로 발전해나갈 것이다. 스마트 전인교육의 5대 핵심 키워드는 다음과 같다. 공유, 편리, 공평, 지능화, 생동감이다.

1. 공유

스마트 전인교육에서 말하는 공유란 단순히 어떤 일이나 정보 등을 공유하는 것이 아니다. 다시 말해 학생들의 어떤 시간이나 학교의 어떤 활동을 공유하는 것이 아니라, 학생의 학습능력을 향상하는 과정,

교사가 수업하는 과정, 학부모가 자녀의 성장을 보살피는 과정 등을 공유한다는 의미다. 그리고 이 모든 과정은 투명하게 공개된다. 공유가 가능한 스마트 전인교육은 학생들의 성장 과정을 총체적이고 세밀하게 기록할 수 있다.

2. 편리함

인공지능(AI)이 접목된 교육은 더 빠르고 편리해진다. 교사는 다양한 스마트 설비를 이용해 학생을 관리할 수 있다. 학부모와 교사 사이에는 각종 스마트 설비를 매개로 활발한 소통이 이루어진다. 이처럼 학부모는 교사와 편리하게 소통할 수 있고, 자녀의 공부 상황도 총체적으로 파악할 수 있게 된다.

3. 공평함

교육의 공평함은 교육계의 오랜 염원이었다. 지능화된 학습 플랫폼을 도입하면 외진 지역의 학생들에게도 우수한 교육자원을 제공할 수 있으며, 교육자원 부족 문제도 효과적으로 해결할 수 있어 누구나 공평한 교육 기회를 누릴 수 있게 된다.

4. 지능화

스마트 전인교육 시스템은 학생들의 수업 시간의 집중력, 학업 성과 등을 기록할 수 있으며, 교사에게는 새로운 지식과 새로운 수업 방식 등을 제공한다. 그래서 수업에서 다루는 지식의 범위를 확대해 교사와 학생 모두에게 이득을 준다.

5. 생동감

스마트 전인교육의 가장 큰 특징은 기존 교육과 달리 생동감 넘치는
수업을 할 수 있다는 점이다. 스마트 전인교육은 재미있는 학습 환경
을 조성해 학생들의 흥미를 유발하고 능동성을 끌어냄으로써 학습 효
과가 크게 향상된다.

학생들은 전인교육을 통해 자신도 모르는 사이에 점진적으로 학습능
력과 창의력을 기를 수 있다. 이것이 바로 전인교육의 기본 취지이자
가치다. 사회가 발전하고 훌륭한 인재상에 대한 요구치가 높아지면서
기존의 주입식 교육 대신 종합적인 소양을 길러주는 새로운 교육을
도입하는 일은 더욱 중요해졌다. 이를 통해 학생들은 미래의 삶에서
부닥치게 될 수많은 도전을 충분히, 효과적으로 대처할 수 있게 될 것
이다. 스마트 전인교육이 확대된다면 학생들에게 더 풍부하고 우수한
교육을 제공할 수 있고, 또 전인교육과 입시교육 사이에 적절한 균형
이 이루어져 전인교육이 더욱 발전해나갈 수 있다.

제8장

○

스마트교육 발전에서의
기회와 과제

첨단기술에 기반을 둔 스마트교육은 장점이 매우 많다. 스마트교육은 맞춤형교육을 일반화할 수 있고, 학생들의 종합적인 소양과 창의성을 키워준다. 또한 스마트교육이 발전하면 '글로벌 교실'의 확산을 가속화해 우수 교육 자원의 전 세계적 공유가 가능해진다. 수업 면에서 볼 때, 다양한 인공지능(AI) 앱을 활용하면 교사들의 중복성이 강한 업무를 대체할 수 있기 때문에 교사들은 수업에 집중해 양질의 수업을 할 수 있다.

이처럼 스마트교육의 장점은 분명하다. 또 스마트교육의 발전은 미래 교육의 큰 흐름이다. 국가의 정책적 지원, 막대한 투자, 첨단기술의 발전 등은 스마트교육의 발전에 기회를 제공했다. 하지만 동시에 스마트교육의 발전을 가로막는 장애물도 적지 않다. 인재 부족, 교사의 역할 전환의 어려움, 정보의 안전성 보장의 어려움 등은 스마트교육 발전 과정에서 맞닥뜨릴 수밖에 없는 문제다.

# 스마트교육의 장점

새로운 발전 추세 속에서 기존의 교육체제는 미래 사회가 요구하는 인재를 양성하는 데 적합하지 않다. 이런 가운데 더 과학적이고 효율적인 스마트교육이 대안으로 떠오르고 있다. 스마트교육은 더 많은 학생에게 더 우수한 교육 서비스, 특히 효율성 높은 맞춤형 수업을 제공할 수 있기 때문이다.

개개인의 특성에 맞춘 맞춤형 교육 대량 실현

인공지능(AI)이 빅데이터 기술과 결합되고 또 5G, VR/AR 등 기술과 결합해 교육 분야에 광범위하게 활용됨으로써 미래에는 교육에서 맞춤형 특징이 두드러지게 나타날 것이다.

기존의 교육 체제에서는 대부분 교과서를 통해서 지식을 얻었다. 그리고 이런 지식은 상대적으로 고정된 것이었다. 학생들은 나이, 학습 정도 등에 따라 나뉘어졌고 표준화된 수업을 받았다. 이런 획일화된 교육 체계에서는 학생들 각각의 잠재력을 이끌어내기 어려웠다.

반면 빅데이터, 클라우드 컴퓨팅 등 첨단기술에 기반을 둔 인공지능(AI) 기술은 이런 단점을 없애고 맞춤형 교육을 실현한다. 빅데이터 기술은 학생들이 학습의 각 단계에서 만들어내는 다양한 데이터를 수집해 통계를 작성한 뒤 종합 분석한다. 이를 통해 각 학생이 공부 과정에서 어떤 문제점을 안고 있는지 파악할 수 있다.

인공지능(AI)이 교육 분야에 접목되면서 교육의 맞춤화가 현실화되었다. 인공지능(AI) 시스템은 방대한 교재와 수많은 교사, 학생의 특성을 분석한 뒤 이들에 대해 각각 서로 다른 태그를 표시한다. 이어서 이 시스템은 학생들의 취미, 능력 등의 특징을 토대로 최적화된 커리큘럼을 제작하고, 이 커리큘럼에 가장 적합한 교사와 교재를 매칭한다. 또한 이 시스템은 학생들의 자체 평가, 교사들의 평가 등 관련 지표를 토대로 학생의 커리큘럼을 탄력적으로 조절할 수 있기 때문에 진정한 맞춤형 수업을 실시할 수 있다.

이밖에 인공지능(AI) 시스템에 안면인식 기술을 도입하면 교사와 학생의 수업시간의 표정을 정밀하게 수집하고 이를 토대로 현재의 감정 상태를 분석할 수 있다. 이처럼 인공지능(AI) 시스템은 교사와 학생 간의 심도 있는 쌍방향 상호교류 데이터를 수집하고, 학생의 감정 변화를 토대로 학습 커리큘럼을 조정할 수 있으므로 개별 학생에게 최적화된 커리큘럼을 매칭할 수 있다.

학생의 종합적인 소양과 능력의 배양

사회가 발전하면서 종합적인 소양을 기르는 것이 교육의 화두가 되었다. 이런 소양에는 문제 해결 능력, 창의성, 자아인지, 자기 조절 능력 등은 물론 비판적 사고력, 시민으로서의 책임감 등도 포함된다.

스마트교육 시대를 맞이해 인공지능(AI)은 종합적인 소양 및 능력 배양에서 매우 중요한 역할을 수행한다. 사회의 정보화가 빠르게 진행되면서 인공지능(AI) 역시 지속적으로 발전하고 있으며, 아울러 새로운 시대를 맞이하여 인재의 핵심적 소양과 능력에 있어서도 더 많은 것이 요구되고 있다. 이런 상황에서 인공지능(AI)의 역할이 점점 더 커질 수밖에 없다.

기술이 발전하면서 교육 분야에서 자연언어 처리, 감정인식 등 기술은 지속적으로 업그레이드되고 이와 연관된 문제도 차례로 해결될 것이다. 인공지능(AI)은 학생들의 친구가 되어 학생들이 공부를 하면서 자신의 잠재력을 더 효과적으로 계발하고, 종합적인 소양과 능력을 키우는 데 보조수단이 될 것이다.

세계 각지의 우수한 교육을 받을 수 있는 글로벌 교실의 확산

글로벌화의 추세 속에서 '글로벌 교실'이 널리 확대된다면 더 깊이 있는 학습 환경을 조성할 수 있고, 시간과 공간의 제약을 뛰어넘어 세계 각지의 학생들은 언제 어디서든 우수한 교육을 받을 수 있다. 스마트교육이 발전함에 따라 이러한 교육 모델이 머지않은 미래에 실현될 것으로 전망된다.

글로벌 교실의 기본 개념은 언제 어디서나 방문할 수 있고 또 누구든지 깊이 참여할 수 있는 학습 환경을 학생들에게 제공하는 것이다. 이런 학습 환경에서는 연령대나 학습능력이 각각 다른 학생들이 모여 우수한 학습 경험을 할 수 있다. 스마트교육이 발전함에 따라 글로벌 교실은 더욱 확산되고 지식의 공유 역시 더 활발하게 이루어질 것이다.

기존의 교육 모델에서는 무크(MOOC, Massive Open Online Courses, 대규모 공개 온라인 강좌)가 글로벌 교실의 가장 단순한 형태일 것이다. 무크에서 학생들은 언제 어디서나 세계 각지의 우수한 교육을 받을 수 있다. 그러나 무크에 몇 가지 단점이 있다. 무크는 지식의 전달은 매우 중요시하지만 학생들의 학습 능력 배양은 소홀히 다루는 경향이 있다. 또 학생들에게 어느 정도의 배경지식을 요구하기 때문에 일정 수준의 지식이 있는 사람들만 이용할 수 있다.

무크가 기존 교육 체계에 어느 정도 변화를 가져온 것은 사실이지만, 이 변화에는 한계가 있다. 그러나 스마트교육 기반의 글로벌 교실은 지식 수준이 서로 다른 학생들에게 교육 플랫폼을 제공하고, 학생들을 대상으로 인지발달(cognitive development), 상조학습(collaborative learning) 등이 가능한 신개념 학습환경을 조성할 수 있다. 이는 무크의 한계를 뛰어넘는 것이다.

교사의 반복적인 업무 부담을 줄여 수업의 품질을 개선한다

기존 교육 체계에서 교사들은 수업 시간에 수업하기, 수업 후 숙제 첨삭하기 등 중복성이 강한 업무를 수행해야 한다. 그러나 수업의 질을 높이려면 교사들은 수업방식의 개선에 더 많은 시간을 투자해야 한다. 만약 교사들이 중복적인 업무에 많은 시간을 지속적으로 빼앗긴다면 수업의 품질과 수업 효과를 높이기 어려울 뿐만 아니라, 소중한 교육자원의 낭비가 초래된다.

하지만 앞으로 스마트교육이 발전하면 인공지능(AI) 기술과 멀티미디어 등 첨단기술이 결합되어 기존 수업체제는 개방형 수업 체제로 개편될 것이다. 학생들은 자신의 니즈에 따라 시스템에 들어가 원하는 내용을 찾고, 시스템은 학생들의 지식수준과 학습능력에 근거해 맞춤형 교육을 함으로써 개인화 적응형 학습(Adaptive Learning)이 실현된다.

이밖에 인공지능(AI) 기술의 발전 및 VR/AR 등 첨단기술과의 융합을 통해 점점 더 많은 인공지능(AI) 앱이 교육 분야에 활용되고, 교사와 학생들에게는 훌륭한 도우미가 되어줄 것이다. 교육로봇은 교사를 도와 출석 체크, 시험 감독, 숙제 첨삭 등 중복성이 강한 업무를 대신해준다. 또 교사를 대신해 수업자료를 정리하고 수업준비도 도와준다.

각종 교육로봇이 개발되어 본격적인 상용화에 들어가면 교사는 중복성이 강한 과중한 업무에서 해방되고, 이 시간을 수업의 효율을 높이는 일에 투자할 수 있다. 즉 교재 연구나 수업 준비에 더 많은 시간과 노력을 투자할 수 있어 자신의 수업방식을 개선 및 향상시키기 때문에 학생들에게 더 우수한 학습 경험을 제공할 수 있다.

스마트교육 발전을 위한 과제

스마트교육의 발전 과정에는 기회도 많지만 동시에 과제도 존재한다. 인공지능(AI)의 발전과 활용은 대추세가 되었다. 하지만 현재 인공지능(AI)의 발전 현황을 살펴보면, 인공지능(AI) 전문 인재의 부족은 여전하다. 또한 인공지능(AI)이 교육의 다양한 영역에서 점점 더 많이 활용됨에 따라 교사들이 수업에서 인공지능(AI) 시스템과 협력해 시너지효과를 내기 위한 다양한 방안을 마련하는 일도 시급하다. 그 밖에 스마트교육은 빅데이터를 기반으로 학교 데이터, 교사와 학생들의 일상생활 데이터, 학습 관련 데이터 등을 수집하고 분석하는데, 이 과정에서 데이터의 안전성은 스마트교육의 발전을 위해서 반드시 해결되어야 한다.

스마트교육 분야의 전문 인재 부족

교육의 지능화가 진행됨에 따라 교육 분야가 원하는 인재의 조건 역시 점점 더 까다로워지고 있다. 하지만 현재 인공지능(AI) 관련 인재 양성 속도는 인공지능 발전 속도를 따라가지 못하고 있으며, 교육 분야의 인공지능(AI) 인재는 더욱 부족하다.

교육 분야는 특히 인공지능(AI)이 광범위하게 활용될 수 있는 중요한 분야다. 교육과 인공지능(AI)의 심도 있는 융합 및 발전은 정부와 학교의 지원 없이는 불가능하다. 인공지능(AI) 인재 양성에서 정부의 정책적 지원과 자금 투자는 필수적이며, 이것이 선행되어야만 학교도 제 역할을 수행할 수 있다.

인공지능(AI) 인재 양성은 장기간에 걸친 과정이다. 현재 취업시장에서 인공지능(AI) 관련 인재는 숫자가 적어서 늘 공급 부족 상태에 있다. 또한 현재 인공지능(AI) 인재 양성 시스템은 비교적 낙후되어 있고, 각종 관련 정책도 아직 뚜렷한 성과를 내지 못하고 있다. 스마트교육 분야에도 마찬가지로 인재 부족은 큰 문제점이다.

교사들이 오픈마인드로 적극 수용할 것인가의 문제

첨단기술을 교육 분야에 활용하는 경우, 인간과 인간의 쌍방향 상호교류를 어떻게 실현할 것인가는 항상 중요한 관심사였다. 스마트교육 시대에 첨단기술을 활용하면 교사와 학생 사이의 상호교류가 약해질 것인가? 학생들의 표현능력과 협동능력을 기르는 데 오히려 불리할 것인가?

관련 연구에 따르면 인간의 지혜와 인공지능(AI)을 결합하면 업무의 효율이 현저히 높아진다고 한다. 예를 들어 림프세포에 암세포가 있는지의 여부를 사진으로 판독하는 경우, 인공지능(AI)이 단독으로 판독하면 오진율이 7.5%였다. 또 인간 전문가가 단독으로 판독하면 오진율이 3.5%였다. 그런데 인간 전문가와 인공지능(AI)이 협업해 판독하면 오진율이 0.5%에 불과한 것으로 나타났다. 같은 이치로 교사와 인공지능(AI) 시스템이 협업한다면 과학적인 일처리가 가능해지고 업무의 효율 역시 크게 높아진다.

스마트교육에 대한 문제는 교사가 인공지능(AI)과 협업해 업무효율을 높일 수는 있지만, 교사가 실제로 이 새로운 수업방식을 기꺼이 수용하고 또 적응하리라는 보장이 없다는 점이다.

실제로 과거 '역진행 수업'과 '무크'의 사례에서도 이런 문제점이 노출된 바 있다.

첫째, 일부의 교사, 특히 진학 실적이 좋은 교사들은 기존의 수업방식을 매우 선호한다. 그들은 기존 수업방식이 이미 완벽한 체계를 갖추고 있어서 학생들에게 충분히 좋은 가르침을 주고 있다고 믿는다. 이 경우 신기술을 도입해 교육방식의 변혁을 시도하기란 결코 쉽지 않다.

둘째, 설령 교사들이 신기술 활용을 배척하지 않는다 하더라도 그들이 실제로 신기술을 수용하고 마스터하는 데 상당한 시간이 걸린다. 또한 학교 측에서는 연수 등을 통해 교사들에게 신기술을 훈련해야 하는데, 만약 훈련이 충분하지 않을 경우 교사와 신기술 사이에 갈등이 초래될 수 있다.

셋째, 인공지능(AI) 시스템과 교사가 협업을 통해 최상의 시너지 효과를 낼 수 있는 효과적인 방안을 찾아내는 일도 중요한 과제다. 인공지능(AI) 시스템을 실제 수업에 접목하는 경우, 교사와 인공지능(AI) 시스템이 최적의 협업을 실현해야 한다. 그래야 시너지 효과를 발휘하고 학생들에게 만족도가 높은 수업 경험을 제공할 수 있기 때문이다. 이는 향후 스마트교육이 지속 발전하기 위해 반드시 해결해야 할 과제 중의 하나다.

스마트교육의 안전성 문제

5G망이 상용화되면서 우리의 삶 곳곳에 많은 편리함을 가져다주고 있다. 그러나 한편으로 인터넷이 발전할수록 각종 문제도 불거지고 있는데 특히 사이버폭력, 개인정보 누출, 온라인 사기 등이 끊이지 않고 있다.

기술이 발전하면서 개인정보와 프라이버시의 안전성이 크게 위협받고 있다. 예를 들어 언론보도에서는 당사자의 신분이나 개인정보 보호 차원에서 일부 문자나 얼굴 등을 모자이크 처리를 한다. 하지만 기술이 발전하면 이런 보호 장치도 무력화될 수 있어서 향후 심각한 사회문제가 될 수 있다.

신경망에 머신러닝 기법을 훈련시키면 영상 속에 숨겨진 정보를 식별할 수 있다는 연구 결과도 발표되었다. 데이터베이스나 개인정보의 경우, 신경망의 정보 인식 성공률이 80% 이상에 달한다. 영상이 흐릿한 경우 신경망의 인식 성공률은 다소 떨어지지만 그래도 성공률이 50%에 달한다. 따라서 정보의 안전성은 스마트교육 발전 과정에서 반드시 해결해야 할 과제다.

또 인공지능(AI)을 교육 분야에 활용하는 과정에서 교사들의 개인 정보나 수업 관련 정보가 누출되는 문제도 발생할 수 있고, 사이버폭력도 더 심각해질 수 있다. 특히 초등학생의 경우 아직 인지력이나 판단력이 미성숙하여 인터넷 범죄에 노출되기 쉽다. 이런 문제들은 스마트교육의 발전 과정에서 언제든지 출현할 수 있다.

따라서 정부와 학교 측은 스마트교육 실시 과정에서 관리감독을 강화해야 한다. 각종 첨단기술을 동원해 학교와 교사, 학생의 프라이버시를 보호하고, 스마트교육이 선순환을 이루면서 발전할 수 있도록 힘써야 한다.

제9장

○

배움의 미래, 인재상의 변화 그리고 교사 역할의 재정립

인공지능(AI)은 교육 개혁을 점진적으로 심화하고 있다. 인공지능 (AI)은 초기의 교육도우미에서 점차 적응형 학습 시스템으로 발전 했고, 수업방식을 다변화했으며, 맞춤형 수업을 실현하기에 이르 렀다. 그렇다면 스마트교육 시대를 맞이하여 우리는 과연 어떻게 대응해야 할까?

스마트교육 시대, 교사의 역할 변화

정부의 정책적 주도, 자본 투자, 학교와 기업 간 협력 등을 통해 스마트교육 시대의 도래를 가속화하고 있다. 스마트교육의 빠른 발전으로 인해 교사는 교육개혁에 따른 압박이 점진적으로 커졌고, 기술은 기존의 교육 체계를 바꿔놓고 있다. 이에 따라 교사들은 자신의 위치를 새롭게 정립할 필요가 있다.

교육혁명은 교사의 역할을 재정립하고 있다

외부 환경의 변화로 인해 교사들은 다양한 측면에서 도전과 위기에 직면해 있다. 이제 시대의 발전 추세에 따라 교사는 역할 변화를 꾀하지 않으면 안 되는 상황에 놓였다.

첫째, 사회의 발전은 지식의 변화 속도를 가속화하고, 모바일통신기술의 발전으로 지식이 대규모로 확산되고, 지식의 공유 속도가 갈수록 빨라지고 있다. 또한 온라인교육은 각종 첨단기술의 빠른 발전에 힘입어 기존 오프라인 교육과의 경쟁에서 우위를 점하게 되었다. 여기에 예상치 못했던 코로나 등의 유행으로 온라인교육이 더욱 가속화하고 있다. 이런 변화는 기존 오프라인 교실과 교사들에게 혁신을 요구하고 있다.

둘째, 교사의 역할 변화는 사회의 수요가 변화한 결과물이다. 또한 이는 학생들의 종합적인 능력 향상 니즈를 실현해줄 수 있다. 오늘날 사회는 인재의 기준에 대한 요구가 갈수록 다양화되고 있고, 일자리는 지속적으로 세분화되고 있으며, 새로운 일자리와 직업이 끊임없이 등장하고 있다. 이러한 교육의 차별화 니즈를 충족시키기 위해서 교사군 역시 지속적으로 세분화될 수밖에 없다.

셋째, 획일화된 교육은 학생들의 개인화 학습 수요를 충족시킬 수 없다. 교사들 역시 시대의 변화와 흐름에 맞춰 변해야 하며 수업 콘텐츠도 업그레이드되어야 한다.

5G, 인공지능(AI), VR/AR 등 첨단기술이 교육 분야와 융합되고 상용화됨에 따라 새로운 수업방식이 끊임없이 출현하고 있다. 여기에 메타버스 시대가 도래함에 따라 미래의 수업은 시간과 공간의 장벽을 완전히 뛰어넘어 학생들에게 언제 어디서나 우수한 교육을 접할 수 있게 해줄 것이다. 이런 상황에서 교사들은 지식 전달자에서 수업의 지도자로 위상이 바뀌고, 수업에서의 지위도 달라질 것이다.

이처럼 교육의 내적 혁신과 사회의 발전은 모두 교사에게 변화할 것을 요구하고 있다. 시대의 발전과 발맞춰나가기 위해서는 교사들 스스로 자신의 위치를 새롭게 인식하고 자신의 역할을 전환하고 재정의할 필요가 있다.

교사의 역할은 사람을 기르는 스승으로 재정립된다

스마트교육 시대에 교육환경의 변화는 교사에게 수많은 과제를 안겨 주고 있다. 교사 역할의 재정의는 모든 교사에게 하나의 시험대로 다가오고 있다.

 그러나 아무리 첨단기술이 교육에 활용된다 하더라도 교사 고유의 역할은 결코 무시될 수 없다. 인공지능(AI) 시스템은 수업준비, 수업, 수업 후 지도 등에서 교사에게 과학적이고 종합적인 통계 데이터와 분석 데이터를 제공할 수 있으며, 심지어 지능화된 솔루션을 자동 생성해주기도 한다. 하지만 교사의 역할은 단순히 지식 전달뿐만이 아니다. 더 중요한 역할은 학생들의 전반적인 발전 계획을 지도하는 것이다. 향후 교사 역할의 재정립은 다음 몇 가지 측면에서 진행될 것이다.

그림 9-1 기존 교사들의 역할 재정립

1 전능형 교사에서 전문형 교사로 변화

2 지식 전달자에서 지도자로 변화

3 가르치는 사람에서 이끌어주는 사람으로 변화

1. 전능형 교사에서 전문형 교사로 변화

첫째, 교사의 역할은 '전능형(全能型) 교사'에서 '전문형(專門型) 교사'로 재정립될 것이다. 지금까지 교사라는 직업은 전문화, 분업화가 되지 않았다. 그 결과 교사들은 매일 수업 준비, 수업 기자재 만들기, 수업하기, 숙제 검사, 방과 후 활동 조직 및 실시 등 모든 일을 도맡아야 했다.

하지만 스마트교육 시대가 되면 학생들의 맞춤형 수업에 대한 니즈가 더 커지고 분명해지며, 수업 커리큘럼 역시 더욱 개방화된다. 교사들은 더 이상 수업의 전 과정을 혼자서 담당하지 않고 수업팀의 전면적인 지원을 받아 수업을 완성할 것이다.

수업팀에는 커리큘럼 설계만을 전담하는 전문가, 수업지도를 담당하는 담임교사, 체험 커리큘럼 설계를 맡은 프로젝트 실험 교사 등이 있다. 또한 데이터분석가, 학업지도교사 등 새로운 유형의 교사들도 수업팀에 합류한다. 수업팀은 인적 구성이 다양하며 각자의 업무는 명확하게 구분된다. 이처럼 세분화된 업무 분담은 교사들의 전문성을 강화해 수업의 질과 효율이 크게 높아질 것이다.

2. 지식 전달자에서 지도자로 변화

둘째, 교사의 역할은 기존의 지식을 전달하는 사람에서 지식 습득을 지도하는 사람으로 재정립된다. 교사는 더 이상 일방적으로 학생들에게 지식을 주입하지 않고 학생들을 도와주고 이끌어주는 데 더 중점을 두게 된다. 이는 다음 두 가지 형태로 나타난다.

먼저 기존의 교육체계에서는 학생들이 받는 교육 내용이 획일화되고 고정되어 있었고 학생들의 의사는 전혀 반영되지 않았다. 반면 앞으로 교사들은 더 이상 지식을 주입하는 것이 아니라 대부분의 경우 학생들이 자신만의 학습의 흥미를 찾을 수 있도록 도와주고, 그들 스스로 학습할 수 있는 능력을 기르도록 이끌어준다. 교사는 더 이상 기존 교실의 중심이 아니라 학생들의 공부 과정을 도와주는 조력자가 된다.

또한 각종 첨단기술이 교육 분야에 활용되면서 수업방식 역시 다변화되고 있다. 추상적인 사고와 구체적인 현실이 결합되어 학생들에게 더욱 신기한 학습 경험을 제공하게 될 것이다. VR/AR과 교육의 융합은 교육환경을 혁신하고 다변화한다. 이런 상황에서 교사들은 더 이상 지식을 일방적으로 전수하지 않으며, 학생들을 지식의 세계로 인도하는 사람이 되어 학생들이 스스로 지식을 탐구하도록 이끈다.

3. 가르치는 사람에서 이끌어주는 사람으로 변화

셋째, 교사의 역할은 지식을 가르치는 사람에서 학생들이 종합적인 능력을 발전시킬 수 있도록 이끌어주는 사람으로 재정립될 것이다. 이제 교사의 핵심 역할은 지식 전수가 아니라 '사람을 기르는 것'으로 전환된다.

기존의 학교체계에서 교사는 수업을 하면서 동시에 다양한 활동을 도맡아야 했는데, 그로 인해 교사는 개별 학생의 문제점을 분석하거나 이에 따른 맞춤형 지도를 하는 것이 매우 어려웠다.

하지만 기술이 발전함에 따라 인공지능(AI)이 수업과 학습지도 업무를 훌륭하게 대신할 수 있게 되었고, 덕분에 교사들은 학생지도에 집중할 수 있게 되었다. 교사는 학생들의 심리적 성장, 종합적인 소양의 향상 등에 더 많은 시간과 노력을 쏟을 수 있게 되었다. 학생들이 앞으로 더 발전할 수 있도록 지도하고 학생들에게 심리적인 격려와 응원을 할 수 있는 진정한 스승이 될 수 있게 된 것이다.

이처럼 교육 분야에서 인공지능(AI) 기술의 활용이 점차 성숙되면 교사의 역할은 재정립될 것이다. 교사의 분업은 더 세분화되고 업무의 전문성도 더 강화된다. 기술적 지원으로 인해 교사는 수업에서의 조력자, 학생의 종합적인 능력 향상을 이끌어주는 진정한 스승이 되며, 학생들의 심리적 성장과 맞춤형 발전에 더 많은 관심을 기울일 수 있게 될 것이다.

교사는 자신의 역할 변화에 어떻게 대응해야 할 것인가?

기술의 발달과 더불어 교사의 역할 변화는 필연적인 흐름이 되었다. 그렇다면 교사 입장에서 이런 자신의 역할 변화에 어떻게 대응해야 할 것인가?

첫째, 교사는 시대의 발전이 자신들에게 가하는 충격에 적극적으로 대응해야 한다. 각종 스마트로봇이 교육 분야에 활용되면서 교사의 기존 업무 방식을 변화시킬 것이고, 이에 따라 교사는 협동정신을 갖추고 로봇과의 협업을 활용해야 한다.

둘째, 인간-로봇 협업의 효율을 최적화하기 위해서 교사는 열린 자세로 기술을 수용하고, 다양한 첨단기술을 이용해 자신의 발전을 도모해야 한다. 인공지능(AI)이 교육에 활용된다고 해서 교사를 대체하지는 못할 것이며, 오히려 교사를 잡다한 업무에서 해방시킬 것이다. 인공지능(AI)은 교사의 업무를 단순화해 교사들이 업무를 효과적으로 수행할 수 있도록 돕는다.

셋째, 교사는 자신의 역할 전환을 정확히 인식하고 학생들의 성장 과정에서 학생들을 올바르게 이끄는 역할을 해야 한다. 첨단기술의 융합, 각종 교육자원의 개방 및 공유 등 달라진 교육환경에서 교사들은 단순한 지식 전달자가 아닌 학생들의 지적 성장과 종합적인 능력 향상을 돕는 인도자이므로 학생의 성장에 더 많은 관심을 갖고, 그들의 성장 과정에서 맞춤화된 지도를 해야 한다.

현재의 교육은 여전히 지식 그 자체의 중요성을 지나치게 강조하는 경향이 있다. 그 결과 학생들의 창의성, 문제해결 능력, 가치관 형성 등은 소홀히 다뤄지고 있는데, 이는 앞으로 교사들이 더 관심을 갖고 전면적이고 세부적으로 이끌어주어야 할 분야다.

넷째, 교사의 역할 전환 과정에서 학교 역시 스스로 변화해야 한다. 학교와 교사가 함께 변화해야만 교사들의 역할 전환이 훨씬 더 수월해질 수 있다. 왜냐하면 학교가 변화해야 교사의 역할도 제대로 재정립될 수 있기 때문이다. 구체적으로 학교는 교사의 역할 전환에 상응하는 외부 지원을 강화해야 한다. 학교는 연수 등을 통해 교사가 신기술을 수용할 수 있도록 지원하고, 또 교사들이 교육개혁에 적극 동참

할 수 있도록 독려해야 한다.

　결론적으로 교사는 자신의 역할 전환에 대응하는 과정에서 끊임없이 배우고 스마트 시스템과 협업해야 한다. 또한 자신의 핵심역할이 변화했다는 사실을 인식하고 앞으로는 학생들의 종합적인 능력 및 소양 향상에 더 관심을 기울여야 한다. 또 교사의 역할 전환과 학교의 지원은 밀접한 관련이 있으며, 학교의 전폭적인 지원이 없으면 교사들의 역할 재정립도 원활하게 이루어질 수 없다.

스마트교육 시대, 교사는 어떻게 학생들의 학습을 도와야 하는가?

스마트교육 시대에 교사들은 신기술과 새로운 수업모델을 적극 수용해 실제 업무에서도 기존의 수업 방식 및 교육 수단에서 벗어나 학생들이 새로운 교육환경에 적응하고 더 잘 성장할 수 있도록 돕고 이끌어야 한다.

스마트교육 시대에는 학생들의 종합적인 능력 계발이 중요해지는 만큼 교사는 학생들의 AIQ(인공지능 지수)와 혁신능력을 집중적으로 길러주어야 한다. 또 새로운 교사-학생 관계를 정립하고 학생들이 효율적으로 공부할 수 있도록 도와주어야 한다.

수업방식을 다변화해 학생의 잠재력 일깨우기

5G, 빅데이터, IoT 등 첨단기술과 인공지능(AI)이 융합하고 발전함에 따라 인공지능(AI)이 교육 분야에 적용되어 활용 범위를 지속적으로 확대하고 있다. 이런 환경 속에서 교사들은 인공지능(AI)을 활용해 자신의 수업방식을 업그레이드하고, 이를 바탕으로 학생들의 잠재력을 일깨울 수 있다.

일부 대학에서 학생들은 교수의 지도 아래 인공지능(AI) 앱을 이용해 식물을 재배하기도 한다. 이런 새로운 형태의 수업 방식은 많은 학생에게 인기를 끌고 있다. 가령 인공지능(AI)을 접목한 스마트 LED 조명을 이용해 학생들은 식물이 자라고 있는 온실의 실내 온도를 정밀하게 제어할 수 있다. 또 실내의 수분, 이산화탄소, 조명, 비료 등을 수치화하여 정확하게 컨트롤할 수 있다. 이렇게 하면 식물의 생장 과정에서 자연재해 등 외부 요소로 인한 피해를 예방할 수 있다.

스마트 LED 조명을 사용하면 식물의 생장 습성에 맞게 일조량을 조절하는 효과가 있어 식물은 더 잘 자라고 제품의 생산량이나 품질도 향상된다. 이 과정을 통해 학생들은 식물 관련 지식을 쌓고, 식물 재배 과정에 간접적으로 참여할 수 있다. 이런 경험을 통해 자발적인 학습 욕구를 끌어낼 수 있다.

그 밖에 LED 조명을 이용해 재배한 과일과 채소는 환경친화적이어서 건강에 이롭다. 인공지능(AI)을 이용해 과일과 채소의 모든 생장 과정을 자동 제어하기 때문에 농약 걱정 없이 안심하고 먹을 수 있다. 또 자기가 재배한 과일과 채소를 먹을 수 있어서 만족감과 성취감도 높아진다. 이는 학생들에게 훌륭한 동기부여가 된다.

스마트교육 시대를 맞이해 교사들은 단조롭고 재미없는 설교식 수업에서 탈피하고, 다양한 인공지능(AI) 앱을 이용해 학생들이 직접 참여하고 경험할 수 있는 기회를 확대해주어야 한다. 이런 새로운 방식은 학생들의 흥미도를 높이고 잠재력을 키울 수 있다.

자기주도형 학습을 통한 학습의 즐거움 심어주기

스마트교육 시대에 학생들의 학습능력과 창의력 배양은 매우 중요하다. 특히 교사들은 학생들의 자기주도형 학습능력을 계발하고, 그 과정을 통해 학습의 즐거움을 느끼도록 이끌어주어야 한다.

부처님은 "지식을 전수할 수는 있어도 지혜를 전수할 수는 없다. 지혜란 각자가 스스로 깨우쳐야 얻을 수 있기 때문이다"라고 말씀하셨다. 공부도 마찬가지다. 학생들 스스로 공부하겠다는 열망이 있어야만 학업도 발전할 수 있다. 교사가 해야 할 일은 학생들이 지식을 탐구하는 과정에서 즐거움을 느끼고, 그러면서 그 지식을 더 잘 이해할 수 있도록 끊임없이 일깨워주고 이끌어주는 것이다.

학생들은 지식을 배우면서 다양하고 참신한 아이디어를 떠올린다. 교사는 학생들의 아이디어에 각별한 관심을 갖고, 또 그들이 그 아이디어를 더욱 발전시키고 실천에 옮김으로써 창의력을 키울 수 있도록 이끌어주어야 한다.

미국에는 학생들에게 주로 코딩 교육을 하는 한 학습센터가 있는데, 이곳은 코딩 지식을 가르쳐주는 교사는 없으며, 학생들과 함께 배우는 코치만 있는 것이 특징이다. 이 코치는 코딩지식을 완벽하게 숙지하고 있지 않지만 코딩을 매우 사랑한다. 그래서 이곳에서는 코치와 학생들이 코딩을 함께 배워나간다.

이 학습센터의 코치는 "아주 재미있는 경험을 했다. 그건 바로 학생들과 같이 배우는 일이었다"라고 말했다. 학습센터는 코치에게 단 한 가지만을 요구했으며 그것은 '열정과 호기심을 가질 것'이었다고 한다. 이는 기존의 일반 학교에서는 도저히 있을 수 없는 일이다.

중국 청두(成都)에는 이와 유사한 학교가 있다. 이 학교의 교사는 필요한 코딩 지식을 몰라도 된다. 왜냐하면 그들이 맡은 일상 업무는 바로 학생들과 함께 배우는 일이기 때문이다. 학생들과 함께 배우면서 교사는 학생들과 서로 보완하고, 지도자가 아닌 파트너의 신분으로 학생들에게 좋은 학습 분위기를 만들어준다.

이런 방식의 핵심은 바로 교사 역할의 재정립, 즉 학생들과 함께 성장하는 것이다. 어차피 모든 학생은 각자 나름의 공부방식이 있고 특징도 제각각이다. 그렇다면 교사는 어떻게 각 학생에게 맞게 학습을 도와줄 수 있을까? 당연히 맞춤형 수업을 해야 한다.

미국의 영어학습 프로그램 'ILE(Imagine Learning English)'는 어떻게 전 세계적으로 큰 인기를 끌 수 있었을까? 개별 학생에 대한 맞춤형 수업이 가장 큰 성공 요인이라고 볼 수 있다. ILE는 첨단 인공지능(AI) 기술을 이용해 학생들의 성격, 학습습관, 사고방식 등을 파악하고 이를 토대로 학생들에게 맞춤화된 학습 콘텐츠를 제공한다. 그래서 학생 스스로 공부하고, 생각하고, 탐구하게 만들며 그 결과 학업능력이 크게 향상되는 것이다. ILE는 옳고 그름으로 학생들의 학습성과를 판단하지 않으며, 학생 스스로 공부할 내용을 탐구하도록 유도하고, 영어를 공부하는 과정에서 자발성과 성취감을 갖게 만든다.

이러한 자기주도적 교육은 학생들에게 매우 유익하다. 교사는 자기주도적 교육을 중시하고 이를 통해 학생들에게 흥미를 느끼게 해주어야 한다. 교사는 다음 네 가지 방법으로 학생들이 학습에 흥미를 느끼도록 이끌어줄 수 있다.

(1) 교사는 학생들에게 공부의 동기부여를 해주어야 한다. 이 동기부여를 출발점으로 하여 학생들이 공부에 흥미를 느낄 수 있도록 한다.

(2) 교사는 학생들의 시행착오를 허용해야 한다. 학생들의 생각은 처음에는 불완전할 수 있기에 계속 시행착오를 거쳐야 비로소 올바른 공부 방향을 찾을 수 있다.

(3) 교사는 학생들의 직관을 존중해야 한다. 직관은 아이디어의 원천이다. 자신의 직관을 따라가다 보면 더 깊은 차원의 지식을 탐구할 수 있다.

(4) 교사는 학생들의 학습 리듬을 따라가야 한다. 그래야만 학생들 각자의 공부 속도를 파악할 수 있고 그들이 난관에 부닥쳤을 때 즉시 적절한 도움을 줄 수 있다.

스마트교육의 발전은 교사에게 수업의 방식에 있어 새로운 요구를 하고 있다. 또 사회가 점점 지능화 발전함에 따라 더 높은 수준의 인재, 종합적인 능력을 갖춘 인재를 요구하고 있다. 이런 상황에서 교사들은 학생들의 학습능력 배양에 관심을 갖고, 그들이 미래 사회에 필요한 인재로 거듭날 수 있도록 도와야 한다.

학생의 AIQ와 혁신능력 키우기

IQ(지능지수)는 한 사람의 지적 역량을 평가하는 지표다. 그렇다면 AIQ

는 무엇일까? AIQ는 인공지능지수로, 한 사람이 인공지능(AI) 기술을 활용할 수 있는 능력이 어느 정도인지 평가하는 지표를 말한다.

시대에 따라 사회가 요구하는 인재상도 달라진다. 산업화 시대에는 IQ를 중요시했고, 정보화시대에는 EQ(감성지수)를 더 중요시했다. 인공지능(AI) 시대에는 인재의 AIQ가 더 중요시될 것이다. 스마트교육 시대라는 거대한 물결 속에서 학생들의 AIQ를 키워주는 일이 시급한 과제로 떠오른 것이다.

인공지능(AI) 교육 분야에서 요구되는 소양이 무엇인지를 피라미드 모형으로 만들어 보자. 이 경우 IQ는 피라미드 가장 아랫부분에, EQ는 중간에, AIQ는 피라미드 맨 꼭대기에 각각 위치하게 된다. 스마트 교육 시대의 학생들에게는 IQ, EQ는 물론 AIQ도 반드시 필요하다.

중국의 벨에듀(Belledu) 창립자이자 과학교육의 선도자로 불리는 왕쥐빙(王作冰)은 인공지능(AI) 교육을 매우 중요하게 생각한다. 그는 "인공지능(AI)은 인간 두뇌의 연장선으로 마치 산업혁명 시기에 기계가 인간의 팔과 다리를 확장시켰던 것과 같다. 성공은 첨단기계와 함께 일하는 데 능숙한 사람들을 총애한다"라고 말했다.

미래에는 인공지능(AI) 설비가 반복적이고 획일화된 작업에 더 많이 투입될 것이다. 왜냐하면 이 분야에서 인공지능(AI)의 업무 효율이 인간보다 월등히 뛰어나기 때문이다. 그때가 되면 인간의 노동 가치는 인공지능(AI) 기술을 활용하는 것을 통해 드러날 것이다. 따라서 지금 교사들이 학생들의 AIQ를 키워주는 것은 매우 중요하다. AIQ가 높아야만 혁신능력도 효과적으로 향상되고, 인공지능(AI)을 이용해 자신의 가치를 실현할 수 있기 때문이다.

예를 들어 일기예보에서 분석은 빅데이터 기술을 이용하지만 최종 판단은 여전히 기상학자들에게 의존한다. 즉, 기상학자들의 업무는 빅데이터 시스템의 결함이나 부족한 점을 보완하여 일기예보의 정확성을 높이는 일이다.

그럼 어떻게 해야 학생들의 AIQ를 키울 수 있을까? 인공지능(AI) 기술을 배우면서 AIQ를 키울 수 있다. 학생들은 인공지능(AI) 수업을 듣고 코딩 지식을 배우면서 직접 코딩을 체험하게 되는데 이 과정에서 창의성이 계발되고 나아가 AIQ가 점진적으로 높아진다.

교사는 학생들이 인공지능(AI)을 이용하고 인공지능(AI)과 협업할 수 있는 능력을 길러주어야 한다. 그 목적은 이를 이용해 학생의 종합적인 능력을 계발하고 향상하는 것이다. AIQ는 스마트교육의 새로운 핵심이 되어 AIQ가 높은 학생이 미래에는 각광받는 우수 인재가 될 것이다.

교사와 학생의 새로운 관계 정립 및 교사-학생 학습 공동체 조성

스마트교육 시대를 맞이해 스마트기술의 발전은 교사와 학생 관계를 새롭게 정립하는 데 도움을 준다.

기존 교육체계에서는 교사의 수업방식은 시간이 흘러도 큰 변화가 없지만 학생들의 상황은 해마다 매우 큰 차이를 보인다. 심지어 같은 해에도 학생마다 차이가 분명하다. 따라서 교사의 수업 효과가 높아지기 어려웠다.

인공지능(AI) 시스템을 도입하면 교사는 학생들과 더 합리적인 스승과 제자 관계를 맺을 수 있고, 자신의 수업 방식을 업그레이드할 수 있기 때문에 학생들의 학업성취가 높아지며 교사와 학생이 함께 공부하는 학습공동체가 형성된다. 예를 들어 인공지능(AI) 시스템은 머신비전, 음성인식, 감정인식 등 기술을 통해 학생과 교사의 표정과 음성을 분석한 뒤 관련 결과를 도출한다. 아울러 인공지능(AI) 시스템은 학급의 최근 성적을 빅데이터 분석해 교사의 수업방식과 수업내용을 더 과학적이고 합리적으로 조정 및 업그레이드하도록 제안한다.

인공지능(AI) 기술로 수집, 정리, 분석한 내용에 근거해 교사는 학생들의 능력을 더 심도 있게 이끌어낼 수 있으며, 학생들의 학습 잠재력을 분석할 수 있다. 이렇게 교사와 학생 관계가 새롭게 정립되면 교사의 수업은 학생 중심으로 재편된다. 교사는 인공지능(AI) 시스템의 도움을 통해 학생들의 학습 진도, 학업 중에 부닥치는 난관 등을 종합적으로 파악한 뒤 그들에게 필요한 적절한 지도를 할 수 있다. 그 결과 개개인의 학업성취도가 높아지고, 진정한 맞춤형 교육을 실시하게 되는 것이다.

교육업체는 이 기회를 어떻게 활용할 것인가?

스마트교육 시대를 맞이하여 교육업체들은 인공지능(AI) 기술을 적극 활용함으로써 발전을 추구하고 있으며 시대의 흐름에 발맞춰나가고 있다. 교육업체들은 5G, 인공지능(AI), VR/AR 등 기술을 결합해 새로운 교육설비와 수업 솔루션을 개발하고 있다. 그들은 정부의 정책적 지원에 힘입어 제품에 대한 투자에 적극 나서고 있다. 또한 각 교육업체들은 강력한 '긱(Geek, 한 분야에 열정을 다하는 전문가) 팀'을 양성해 마케팅을 강화하고, 스마트산업 마인드로 무장하며, 스마트기업을 만들어나가야 한다.

신기술을 이용한 새로운 교육설비 개발

5G와 교육업계의 융합이 점점 확산하면서 5G를 이용해 교육 하드웨어 설비 개발에 박차를 가하는 것은 향후 교육업체들이 지속적으로 발전하고 또 핵심경쟁력을 갖추기 위한 필수 요건이 되었다.

특히 온라인교육은 교육업체들이 미래의 발전을 위해 반드시 공략해야 할 대상이 되었다. 5G 기반의 고품질 동영상 전송은 온라인교육을 기술적으로 뒷받침해 주었다. 또한 코로나 등의 사태가 온라인교육의 발전과 확대를 더욱 가속화하고 있다. 온라인교육 체계화의 핵심은 바로 교육 하드웨어 설비의 확대다. 여기에서 언급한 교육 하드웨어란 기존 교육에 필요한 인프라를 가리키는 것뿐만 아니라 특히 미래에 사용될 스마트 하드웨어 설비를 포함한다. 그 구체적인 내용은 다음 두 가지다.

1. 인공지능(AI) 교육설비의 연구개발

미래에는 인공지능(AI)이 교육 분야에 더 광범위하게 활용될 것이다. 예를 들어 학생들은 온라인교육 커리큘럼을 선택할 때, 교육로봇은 학생이 예전에 입력해둔 자료를 토대로 학과와 지식 등에서 어떤 점이 부족한지 분석한 다음, 학생에게 최적의 커리큘럼을 추천해준다.

인공지능(AI) 교육 설비는 학생에게 사이버 보조교사, 사이버 훈련 파트너 등의 서비스를 제공해 학습력을 강화시켜준다. 또 전문가들의 체계화된 서비스를 제공할 수 있는데, 이는 해당 학생의 각 단계별 학습 상황을 전문가가 평가해주는 방식이다. 이처럼 과목 선택에서 학습까지, 다시 학습 평가에 이르기까지 인공지능(AI) 교육 설비는 다양한 도움을 제공할 수 있다.

향후 교육업체들은 인공지능(AI) 교육설비의 연구개발에 중점을 둘 것으로 전망된다. 그리고 인공지능(AI) 교육설비는 미래의 학생들이 더 과학적이고 편리하게 공부할 수 있도록 도와줄 것이다.

2. VR/AR 교육설비의 연구개발

VR/AR 교육은 학생들에게 더 뛰어난 학습 경험을 가져다준다. VR/AR 교육은 학생들에게 공부의 흥미를 느끼게 해주고, 학생들이 감각 기관과 두뇌를 전방위적으로 총동원해 배우도록 한다. 그 과정에서 학습효과가 더 높아질 뿐만 아니라 더 좋은 학습 경험을 하게 된다.

VR/AR 설비를 이용하면 학생들은 언제 어디서나 학습할 수 있다. 또한 학습의 과정에서 교사와 학생은 원활한 쌍방향 교류를 할 수 있다. 이런 방식은 시간과 공간의 제약을 완전히 뛰어넘기 때문에 학습이 훨씬 더 자유로워진다.

메타버스 시대에 VR/AR 수업의 확대는 시대의 추세로, 앞으로 VR/AR 교육설비의 연구개발은 각 교육업체가 추진하는 하드웨어 설비 사업의 핵심 분야가 될 것이다.

이처럼 교육 하드웨어 설비 연구개발에 박차를 가하는 일은 각 교육업체가 경쟁력을 확보하기 위한 필연적 선택이 되었다.

대학교와의 협력을 통한 인공지능(AI) 인재 양성

스마트교육 시대를 맞이하여 교육업체 간 경쟁은 결국 인재 영입 전쟁으로 귀결된다. 어떻게 시장에서 실력이 뛰어난 인공지능(AI) 관련 인재를 영입할 것인가? 어떻게 필요한 인재를 제때 확보할 것인가? 이는 모든 교육업체들의 공통적인 관심사다. 펀더멘털이 튼튼한 우수 교육업체들은 대학교와 협력해 인공지능(AI) 인재를 양성하고 있는데

이는 매우 현명한 선택이라 할 수 있다.

이런 산학(産學) 협력은 기업에게 원하는 인공지능(AI) 인재 확보의 길을 열어주고 있다. 산학 협력을 통해 학생들은 재학 중에 더 많은 전문적인 교육을 받을 수 있고, 졸업 후에는 교육업체를 통해 더 많은 실전 기회를 얻을 수 있다. 이러한 방식을 통해 교육업체는 우수한 인공지능(AI) 인재를 확보할 수 있다. 또한 산학 협력을 통해 배출된 인공지능(AI) 인재는 교육업체에 대한 소속감을 가질 수 있어 교육업체 입장에서는 우수 인재를 안정적으로 확보할 수 있다.

산학 협력을 통한 인공지능(AI) 인재 양성은 교육업체들이 필요한 인재를 확보하기 위한 효과적인 수단이다. 이 시스템은 교육업체와 대학교가 가진 각각의 강점을 결합한 방식으로 우수한 인공지능(AI) 인재 양성에 효과적이다.

강력한 긱 팀 구성하기

'긱(Geek)'이란 원래 '괴짜', '특이한 사람'을 가리키는 말로 서양문화권에서는 원래 부정적인 의미가 강했다. 컴퓨터 시대 초창기에 긱은 점차 컴퓨터 해커를 비하하는 말로 쓰였다. 그들은 컴퓨터 기술은 매우 뛰어났지만 컴퓨터와 네트워크에 지나치게 심취한 나머지 보통 사람들은 이해하기 어려운 행동을 하기 일쑤였다.

그러나 오늘날에는 인터넷이 지속적으로 발전하면서 과거에 괴짜로만 치부되던 긱이 무대의 중앙으로 진출하여 긍정적인 의미를 갖게

그림 9-2 긱팀의 멤버 레벨

되었다. 긱은 과학기술의 막강한 파워를 확신해 그들이 가진 강력한 기술과 창의성은 커다란 가치를 창출할 수 있다.

스마트교육 분야에서 긱은 스마트 교육 분야의 전문가, 또는 컴퓨터나 인터넷을 잘 알고 창의성이 매우 뛰어난 기술 인재를 가리킨다. 이들의 공통점은 인공지능(AI)에 심취해 있고, 인공지능(AI) 앱 개발에 열중하며, 개발된 제품을 교육 분야에 적극적으로 활용한다는 점이다. 그들은 새로운 것에 대한 호기심이 넘치고, 모든 것을 기술 중심으로 바라본다.

긱은 어떤 유형의 사람들일까? 그들은 과학정신으로 사고하고, 탐구와 창조에 몰두하며, 다른 사람들과 똑같아지는 것을 극도로 싫어한다. 그들은 독립적으로 행동하기를 좋아하고, 복잡한 것을 단순화시키는 것에 열광하며, 제품에서의 미학을 추구한다. 긱이 가장 중요시하는 것은 혁신이다. 이는 바로 스마트 교육이 지속적으로 발전하기 위한 원동력이기도 하다. 따라서 강력한 긱팀을 만드는 일은 교육업체들에게는 매우 중요하다. 일반적으로 긱팀의 멤버는 4등급으로 나뉜다.

1. 입문 긱

이 레벨의 긱은 물건을 분해하고 작동 원리를 분석하는 것을 즐긴다. 그들은 하이테크 설비에 관심이 많으며 각종 설비를 혼자서 배우는 것도 즐긴다. 그리고 신기술을 배우고 연구하는 데 많은 시간을 투자한다.

2. 중급 긱

이 레벨의 긱은 인공지능(AI) 기술을 배우는 데 천부적인 능력을 타고 났다. 일부 인공지능(AI) 교육 관련 문제를 해결할 수 있고, 간단한 인공지능(AI) 프로그램도 짤 수 있다.

3. 고급 긱

이 레벨의 긱은 종합적인 인공지능(AI) 지식을 갖추고 있다. 또 스마트교육 플랫폼에 필요한 종합적인 능력도 구비하고 있다. 그들은 스마트교육 관련 업무의 대부분 지식을 이해하고 있으며, 인공지능(AI)을 교육 분야에 성공적으로 융합할 수 있는 사람들이다.

4. 슈퍼 긱

이 레벨의 긱은 과학기술의 막강한 파워를 확신하는 사람들이다. 그들은 첨단 하이테크를 추구하고, 무한한 상상력과 뛰어난 창의성으로 무장하고 있다. 또 새로운 지식을 더 빠르게 받아들이고, 새로 창조하고, 나아가 더 우수한 제품을 개발할 수 있다.

교육업체가 긱팀을 양성할 때는 레벨을 점진적으로 상향 조정해나가야 한다. 그래서 이러한 인재들이 서로 교류, 협력, 실천하는 과정에서 성장할 수 있도록 해야 한다. 시간이 흐르고 각종 난관을 헤쳐나가면서 입문 긱은 점차 고급 긱으로 성장할 수 있을 것이다.

이들은 내부에서 자체적으로 양성할 수도 있지만 외부에서 영입할 수도 있다. 입문 긱과 중급 긱은 매우 활력적이고, 타인과 공유하는 것을 즐기며, 팀워크 정신이 뛰어나기 때문에 기업에게 직접적인 경제적 이익을 가져다줄 수 있다. 또 만약 고급 긱과 슈퍼 긱이 교육업체에 들어온다면, 그들은 회사의 향후 발전을 위한 핵심 경쟁력이 될 것이다.

신기술을 이용한 스마트 마케팅 실현

인공지능(AI) 등 첨단기술을 이용한 신제품 개발 이외에도, 자체 경쟁력을 끌어올리기 위해서는 첨단기술을 이용해 기업 자체의 체질을 강화해야 한다. 교육업체는 마케팅, 생산, 물류 등 다양한 차원의 역량을 전면적으로 업그레이드해야 한다. 단순히 첨단제품을 연구개발하는 것만으로는 부족하며, 더 우수한 마케팅 수단을 통해 제품 경쟁력을 높이는 등 마케팅 분야에 더 많은 역량을 쏟아야 한다. 이 분야에서 교육업체들은 인공지능(AI)을 이용해 기존 마케팅 시스템을 혁신할 필요가 있다.

디지털 마케팅 기업 엑스인사이트(Xinsight, 數字新思)의 창업자 탄베

이핑(譚北平)은 스마트 마케팅에 관해 이렇게 말했다.

"수년간에 걸친 디지털 전환을 통해 마케팅의 각 단계에서 방대한 데이터가 생성되었습니다. 이러한 데이터는 마케팅 분야에 인공지능(AI)을 활용하고 발전시키기 위한 기반이 될 것입니다."

인공지능(AI)과 시장마케팅을 결합하기 위해서는 빅데이터의 뒷받침이 없으면 불가능하다. 각종 1인미디어 플랫폼에서는 매일 방대한 양의 데이터가 생성되며, 이 데이터는 교육업체의 시장마케팅 관계자에게는 막대한 가치를 지니는 '보물창고'와 같은 존재다.

인공지능(AI)이 빠르게 발전하는 오늘날, 데이터의 확보 및 분석은 점점 민첩해지고 자유로워지고 있다. 교육업체의 시장 마케팅부서는 인공지능(AI)을 이용해 사용자의 최신 소비 니즈를 신속히 파악한 뒤 이를 바탕으로 제품의 연구개발과 생산을 조절할 수 있으며, 이는 제품 업그레이드와 혁신에 도움이 된다. 또한 시장마케팅 부서는 이 데이터를 토대로 방향을 수정하고 최상의 결정을 내릴 수 있다.

스마트 마케팅에서 빅데이터 기술을 이용하면 데이터의 수집 및 정리가 편리해진다. 빅데이터 기술의 장점은 다음 두 가지다.

첫째, 빅데이터 기술은 데이터 수집의 시간 비용은 절감하고 정확성은 높인다. 데이터 수집의 효율이 높아지면 기획자는 다차원적인 정보를 확보할 수 있으며, 이는 제품 기획에 창의성을 높이는 데 큰 도움을 주며, 나아가 마케팅의 핵심 경쟁력 향상에 기여한다.

둘째, 빅데이터 기술을 이용하면 고객 맞춤형 마케팅이 가능해진다. 클라우드 컴퓨팅 플랫폼은 사용자의 제품 기능, 포지셔닝, 외관 등에 대한 니즈를 자동 수집하고 분석할 수 있다. 이를 반영해 설계한 제품은 스타일이 다원화되었기 때문에 더 많은 고객에게 어필할 수 있다.

교육업체 입장에서 다양한 신기술을 결합한 스마트 마케팅을 이용해 기존 마케팅을 혁신하는 것은 매우 중요하다. 스마트 마케팅은 사용자에게 더 정교한 서비스를 제공하고, 사용자의 핵심 니즈를 충족시켜 결국 상품의 경쟁력을 높이게 된다.

마인드의 혁신 및 자사의 체질 개선

교육업체가 경쟁력을 한층 더 끌어올리기 위해서는 마케팅의 혁신뿐만 아니라 마인드의 혁신과 전사 차원의 체질 개선 노력도 필요하다.

이를 위해서는 인공지능(AI)을 이용해 기업 전체의 체질 개선을 추진해야 하며 그 구체적인 내용은 다음의 두 가지다.

1. 경영관리 측면

인공지능(AI) 시대에 경영관리가 세분화되면 기업의 경영도 순조로워진다. 기업의 생산부서가 지능화된 경영관리를 실시하려면 단순히 인간의 두뇌만으로는 불가능하며 빅데이터의 지원이 필수적이다.

빅데이터 기술을 활용할 경우 생산부서는 사용자의 구성, 선호도, 소비 패턴 등을 파악할 수 있고, 이 데이터를 분석해 더 과학적으로 가격을 결정할 수 있다. 또한 빅데이터 분석을 통해 적절한 시간과 장소를 선택해 최적의 가격으로 제품을 판매할 수 있으며, 다양한 사용자를 대상으로 정교하고 우수한 서비스를 제공할 수 있다.

빅데이터 기술은 경영관리를 효과적으로 최적화할 수 있다. 기존 생산방식에서 가장 심각한 문제는 바로 재고 부담이다. 재고가 쌓이면 기업의 현금회전이 갑자기 막히는 위험부담이 발생할 수 있는데, 인공지능(AI)과 빅데이터 기술을 경영관리에 활용하면 재고를 효율적으로 관리할 수 있다. 인공지능(AI) 시스템은 지능화된 판매 예측 모델링을 통해 각 제품의 시간대별, 지역별 판매 상황을 예측할 수 있어 기업은 이를 즉각 반영해 생산 전략을 수정할 수 있다. 또 인공지능(AI) 시스템은 구매 지점 추천, 가격 변화 표시 등의 기능을 통해 구매담당자가 정확한 결정을 내릴 수 있도록 돕는다.

이처럼 기존의 경영관리와 비교할 때 지능화된 경영관리는 더 과학적인 결정을 내릴 수 있도록 함으로써 기업의 재고부담을 덜어주고 원활한 현금회전을 도와 전체적인 리스크 관리 능력을 향상시킨다.

2. 서비스 향상 측면

빅데이터, 클라우드 컴퓨팅, 인공지능(AI) 등 첨단기술이 지속적으로 발전하면서 교육업체의 서비스 전환 역시 대세가 되었다. 교육업체들은 인공지능(AI)과 빅데이터 등 기술을 토대로 사용자에 대한 서비스 수준을 높여야 한다.

첫째, 인공지능(AI) 시스템은 다양한 채널의 데이터를 종합적으로 수집, 정리, 분석한 뒤 과학적인 분석 데이터를 도출한다. 교육업체는 이를 이용해 사용자의 피드백 등을 명확하게 파악할 수 있으며, 나아가 제품을 맞춤형으로 개선하고, 사용자에게 더 나은 서비스를 제공할 수 있다.

둘째, 인공지능(AI) 시스템은 사용자의 피드백을 실시간 추적할 수 있으며, 이를 반영한 개선 노력이 어느 정도 진행 중인지 사용자에게 실시간으로 피드백할 수 있다. 이렇게 하면 사용자의 기업에 대한 신뢰도를 높일 수 있다.

이처럼 첨단기술을 이용한 자사의 경영관리 및 서비스 수준 개선은 교육업체들에게 매우 중요하다. 교육업체들이 경쟁력을 끌어올리려면 제품 콘텐츠를 향상하는 것은 물론, 첨단기술을 이용해 자사의 체질을 업그레이드해야 한다. 그렇게 할 수 있는 업체야말로 진정한 의미의 경쟁력을 갖출 수 있을 것이다.

첨단기술이 불러온 교육혁명
메타버스의 시대, 배움의 미래

초판 1쇄 발행 2022년 2월 28일

지은이 리수핑(李樹平), 류타오탕(劉陶唐)
펴낸곳 보아스
펴낸이 이지연
등 록 2014년 11월 24일(No. 제2014-000064호)
주 소 서울시 양천구 목동중앙북로8라길 26, 301호(목동) (우편번호 07950)
전 화 02)2647-3262
팩 스 02)6398-3262
이메일 boasbook@naver.com
블로그 http://blog.naver.com/shumaker21

ISBN 979-11-89347-13-0 (03320)